Mauerbau

ACHTUNG!
WEST-BERLIN

Bernd Eisenfeld
Roger Engelmann

Unter Mitarbeit von
Doris Hubert,
Regina Teske
und Gudrun Weber

13. August 1961: Mauerbau

Fluchtbewegung und Machtsicherung

Mit einem Vorwort von Marianne Birthler

Edition Temmen

Inhalt

Vorwort

Als die Mauer gebaut wurde, war ich dreizehn Jahre alt, als sie fiel, waren meine Kinder fast alle erwachsen, meine jüngste Tochter schon älter als ich zur Zeit des Mauerbaus. Sie würden ihre jungen Jahre nicht in einer geteilten Stadt mit Mauer, Stacheldraht und Todesstreifen verbringen - dies erfüllte mich mit großer Freude.

Wir waren eine Berliner Familie, schon meine Großeltern hatten hier gelebt. Verwandte und Freunde lebten auf beiden Seiten der Grenze.

Wie für uns brachte der Mauerbau für die Berliner, deren Stadt trotz der politischen und administrativen Spaltung bis dahin in mancherlei Hinsicht noch eine Einheit gewesen war, den härtesten Einschnitt: S- und U-Bahnen verkehrten bis 1961 noch weitgehend ungehindert zwischen Ost und West. Nach der Schule fuhr ich oft zu meinem gleichaltrigen Cousin nach Westberlin; Familienfeste wurden selbstverständlich gemeinsam gefeiert - in Ost oder West, je nachdem. Die besten Freundinnen meiner Mutter lebten alle in Westberlin. Natürlich gab es auch Liebespaare, bei denen die eine Hälfte im Osten, die andere im Westen lebte. Aber auch jenseits der privaten Beziehungen gab es ein reges Hin und Her: Die Menschen aus Ostberlin besuchten im Westen Kinos, Tanzlokale oder kauften sich Dinge, die sie im Osten nicht bekamen. Westberliner gingen im Osten ins Theater oder fuhren am Wochenende ins Berliner Umland - nicht wenige besaßen dort einen Garten oder ein Boot. Sogenannte Grenzgänger lebten in dem einen Teil der Stadt und arbeiteten im anderen.

Das alles war jetzt nicht mehr möglich.

Kurz nachdem die Grenzabriegelung den Berlinerinnen und Berlinern aus Ostberlin (und den übrigen DDR-Bürgern) den Weg in den Westen versperrt hatte, ließen die DDR-Machthaber auch die Westberliner nicht mehr in den Osten. Zweieinhalb lange Jahre, bis zur ersten Passierscheinaktion 1963 zu Weihnachten, waren menschliche Kontakte über die Mauer hinweg nahezu unmöglich. Familien und Freundschaften wurden in zwei Teile gerissen, die Menschen konnten sich nicht mehr sehen und nicht mehr miteinander sprechen, berufliche Verbindungen brachen auseinander.

Als die Mauer fiel, lernten die heute Dreizehnjährigen gerade das Laufen. Sie kennen den »eisernen Vorhang«, der noch zur Zeit ihrer Geburt mitten durch Deutschland und mitten durch Berlin verlief, nur noch aus den Erzählungen der Eltern und Großeltern oder gar nur noch aus dem Geschichtsbuch. Auch wer im Berliner Raum oder in der Nähe der ehemaligen innerdeutschen Grenze zu Hause ist, hat Mühe zu erkennen, wo die Grenze verlief. Einige Teilstücke der Grenzanlagen sind zwar noch zu besichtigen, aber viele können sich heute kaum noch vorstellen, daß mitten durch Deutschland und mitten durch Berlin eine Grenze verlief, die den Außenanlagen eines Hochsicherheitsgefängnisses glich. Was noch vor zwölf Jahren eine unabänderliche Realität zu sein schien, ist heute Geschichte.

Noch ferner ist die Zeit, als dieses monströse Bauwerk errichtet wurde, nur die Älteren haben sie erlebt. Es war die Zeit des kalten Krieges, der in internationalen Krisensituationen immer wieder in einen heißen Krieg umzuschlagen drohte. Und es war die Zeit, in der Menschen in monatlich wachsender Zahl aus der DDR flüchteten. Zweieinhalb Millionen waren es seit der Teilung Deutschlands schon gewesen, jetzt, im Frühjahr und Sommer 1961, kehrten allein 150 000 dem »Arbeiter-und-Bauern-Staat« den Rücken zu, ließen Hab und Gut zurück und nicht selten auch Verwandte und Freunde.

Aber warum? Gründe zu fliehen gab es viele: Die SED hatte die ostdeutsche Bevölkerung zum Versuchsobjekt ihrer gesellschaftlichen Umgestaltungspläne gemacht, ohne hierfür jemals die Zustimmung einer Mehrheit gehabt zu haben. Das ging nur mit Zwang. Wer sich widersetzte oder in der Gesellschaftsutopie der Kommunisten von vornherein keinen Platz hatte, mußte mit Verfolgung und Repression rechnen.

Ansicht der Sektorengrenze an der Harzer Straße, Mai 1960

Auch die wirtschaftliche Leistungsfähigkeit litt unter diesem Regiment. Während im Westen das Wirtschaftswunder den Menschen allmählich ein Leben in Sicherheit und Wohlstand verhieß, machten sich im Osten Mißwirtschaft und Mangel immer stärker bemerkbar.

Die persönlichen Entfaltungsmöglichkeiten wurden immer mehr eingeschränkt. Sowohl Bildungs- und Ausbildungsmöglichkeiten wie berufliche Entwicklung waren an politische Anpassungsbereitschaft geknüpft. Der Verlust von Freiheits- und Bürgerrechten, die allgegenwärtige Bevormundung und politische Rituale, die als Demütigung empfunden wurden, trieben Menschen aus dem Land.

Das SED-Regime reagierte mit der Einschränkung der Reisemöglichkeiten und mit Absperrungsmaßnahmen an der innerdeutschen Grenze, doch in Berlin blieb – geschützt durch den Viermächtestatus – ein »Grenzloch« offen. Lange zögerte die Sowjetunion, den Plänen Ulbrichts zuzustimmen, auch diesen letzten Fluchtweg zu beseitigen. Erst als die Massenflucht im Sommer 1961 für die DDR existenzbedrohende Ausmaße annahm, billigte Moskau die Abriegelung der Sektorengrenze.

In den frühen Morgenstunden des 13. August 1961 ließen die SED-Machthaber die Grenze zu Westberlin mit Stacheldraht absperren und leisteten damit ihren politischen Offenbarungseid. Ein Regime, das für sich in Anspruch nahm, das bessere Deutschland zu repräsentieren, konnte seine Bürgerinnen und Bürger nur im Lande halten, indem es sie einfach auf dem eigenen Staatsgebiet einsperrte.

In dieser perversen Logik der Machthaber war es nur konsequent, daß an der Mauer bald auf Flüchtlinge geschossen wurde. Denn Menschen lassen sich nur mit Gewalt gefangenhalten. Schießbefehl und Todesschüsse verliehen den Grenzsperren erst jenen Schrecken, der ihre Wirksamkeit ausmachte.

Vom Mauerbau am härtesten betroffen waren die Ostdeutschen. Ohnmächtige Wut oder auch Resignation verbreitete sich angesichts dieses Willkürakts. Nur unter großem persönlichen Risiko, ja unter Lebensgefahr, war es möglich, sich diesem Staat jetzt noch zu entziehen. Selbst für viele, die gar nicht vorhatten »abzuhauen«, war die offene Grenze in Berlin doch immer eine Art Rückversicherung gewesen – die Chance zu gehen, falls es eines Tages völlig unerträglich werden sollte. Das wußten auch die Machthaber, und solange die Grenze offen war, mußten sie im großen wie im kleinen so manchen Kompromiß eingehen, so manche Maßnahme mildern oder gar zurücknehmen, um die Fluchtbewegung nicht allzusehr anzufachen.

Doch nicht alle Ostdeutschen waren schockiert darüber, daß die Grenze geschlossen wurde. Manche mögen der Legende vom »antifaschistischen Schutzwall« Glauben geschenkt haben. Andere dürften eher erleichtert gewesen sein, jetzt freie Hand zu haben und unbeeinträchtigt vom ständigen personellen Aderlaß den Sozialismus aufbauen zu können. Zu letzteren gehörten nicht nur SED-Funktionäre, sondern auch viele Intellektuelle, die grundsätzlich loyal gegenüber der DDR waren, wenngleich ansonsten durchaus kritisch. Sie erhofften sich stabilere Verhältnisse durch den »Schutz der Mauer« – und in der Folge eine Chance auf innere Liberalisierung. Manche Entwicklung in den Jahren 1962 bis 1964 schien darauf hinzudeuten, doch letztendlich erwies sich diese Hoffnung als ideologische Verblendung.

Eine brutale Zwangsmaßnahme als Voraussetzung für mehr Freiheit - das konnte nicht funktionieren.

Die Garantien der Westmächte für Westberlin hatten Bestand. Die Freiheit der Westberliner blieb ungefährdet und die Verbindung nach Westdeutschland über Transitstrecken und Luftkorridore offen. Doch Westberlin war jetzt buchstäblich eingemauert. Nicht wenige verließen die Inselstadt und es bedurfte erheblicher politischer, psychologischer Bemühungen und hoher finanzieller Aufwendungen, um die Abwanderung zu begrenzen.

Und noch eine andere Wirkung ging von den Ereignissen des 13. August 1961 aus. Die Berliner Mauer besiegelte in der Wahrnehmung der meisten Menschen die deutsche Spaltung. Die Hoffnung auf eine Wiedervereinigung in überschaubaren Zeiträumen verflüchtigte sich, was für die damaligen Generationen ein schmerzlicher Vorgang war. Die Deutschen in Ost und West lebten sich auseinander, wenn auch der Wunsch nach Wiedervereinigung bei einer Mehrheit nie ganz abhanden kam.

Die Berliner Mauer wurde zum Symbol der Teilung, der Teilung Deutschlands und Europas, ja der Teilung der Welt in zwei verfeindete Machtblöcke. Obwohl die innerdeutsche Grenze auch an anderen Stellen hermetisch geschlossen, martialisch abgesichert und unmenschlich war, nirgendwo tat die Grenze so weh wie in Berlin, wo der historisch gewachsene, lebendige Organismus einer großen Stadt so brutal zertrennt worden war. Als die Mauer am 9. November 1989 fiel und Berlin über Nacht wieder zu einer Stadt wurde, war auch das ein symbolischer Vorgang, jetzt für die Einheit.

Es zeigte sich, daß die DDR, die ihre Existenz nur sichern konnte, indem sie ihr eigenes Volk einsperrte, auf die Mauer wirklich immer angewiesen war. Der Staat konnte sein häßlichstes Bauwerk nur um eine kurze Frist überleben.

Marianne Birthler

Mauer an der Harzer Straße, Mai 1977

Der Viermächtestatus von Berlin ging auf die Kriegs- und Nachkriegsvereinbarungen der Siegermächte zurück. Hier (v. l. n. r.) Winston Churchill, Harry S. Truman und Josef W. Stalin bei der Potsdamer Konferenz (17. Juli – 2. August 1945)

Chruschtschow löst die Berlin-Krise aus

Am 10. November 1958 kündigte Nikita Chruschtschow im Moskauer Sportpalast den Rückzug der Sowjetunion aus der Viermächteverantwortung über Berlin an. Es sei an der Zeit - so der sowjetische Parteichef -, daß die Alliierten auf die Reste des Besatzungsregimes in Berlin verzichteten und dadurch die Herstellung »normaler Zustände in der Hauptstadt der DDR« ermöglichten. Die Sowjetunion werde jedenfalls der DDR alle ihr verbliebenen Hoheitsrechte übertragen.

Mit dieser Rede löste Chruschtschow eine Krise um den Status der ehemaligen Reichshauptstadt aus, die zweieinhalb Jahre bedrohlich schwelen sollte. Die Berlin-Krise brachte die Welt mindestens einmal an den Rand des Krieges und führte auf ihrem Höhepunkt im August 1961 zu einem für die deutsche Geschichte traumatischen Einschnitt: dem Bau der Berliner Mauer.

Was veranlaßte Chruschtschow dazu, diesen gefährlichen Schritt zu unternehmen? Wie schon zeitgenössische Beobachter erkannten, ging es ihm in erster Linie um die Stabilisierung der Westgrenze seines Machtbereichs. Denn bei den Konsolidierungsbemühungen der DDR bildete die westliche Exklave an der Spree einen durchaus ernst zu nehmenden Störfaktor. Westberlin war ein »Pfahl im Fleische« des SED-Staates. Über die offene Grenze in Berlin war ein noch weitgehend unkontrollierbarer Austausch möglich. Die Westsektoren waren für DDR-Bürger das »Schaufenster zum Westen«, das die wirtschaftliche und zivilgesellschaftliche Unterlegenheit des Ostens für jedermann wahrnehmbar machte. Zudem hatten antikommunistische Propaganda und nicht zuletzt auch westliche Spionage hier eine gute logistische Basis. Zahlreiche Geheimdienststellen und SED-feindliche Organisationen, wie die »Kampfgruppe gegen Unmenschlichkeit«, der »Untersuchungsausschuß Freiheitlicher Juristen« und die Ostbüros der westdeutschen Parteien, operierten von hier aus. Und der »Rundfunk im amerikanischen Sektor« (RIAS) sendete täglich ein Programm, das auf die DDR-Bevölkerung zugeschnitten war.

Doch das Hauptproblem aus östlicher Sicht war der anhaltende Flüchtlingsstrom aus der DDR, der seinen Weg in erster Linie über die offene Grenze in Berlin fand. Zwar waren die Flüchtlingszahlen bei Ausbruch der Berlin-Krise im Herbst 1958 schon das zweite Jahr rückläufig, doch der nicht endende Aderlaß von vorwiegend jungen Menschen und Fachleuten war für die ökonomische Leistungsfähigkeit der DDR langfristig trotzdem ein schwerwiegendes Problem.

Eine entscheidende Rolle bei der Auslösung der Krise spielte nicht zuletzt das in der letzten Zeit durch technologische Erfolge gewachsene sowjetische Selbstbewußtsein. Im Oktober 1957 hatte die Sowjetunion den ersten künstlichen Satelliten »Sputnik« erfolgreich in die Erdumlaufbahn gebracht. Daraufhin entwickelte sich im Westen eine Diskussion über die vermeintliche Raketenüberlegenheit Moskaus. Die konventionelle Überlegenheit der Roten Armee in Mitteleuropa stand ohnehin außer Frage. Chruschtschow handelte im Bewußtsein, daß die Sowjetunion beim internationalen Kräftemessen mehr in die Waagschale werfen könne als in früheren Zeiten.

Walter Ulbricht, Nikita S. Chruschtschow und Otto Grotewohl (v. l. n. r.) am 10. März 1959 in Berlin

Eine Woche nach Chruschtschows Sportpalastrede – am 27. November 1958 – formalisierte die sowjetische Regierung den Vorstoß mit gleichlautenden diplomatischen Noten an die drei Westmächte. Darin forderte sie den Abschluß eines Friedensvertrages mit beiden deutschen Staaten und die Schaffung einer entmilitarisierten »freien Stadt« Westberlin, was die Auflösung der westalliierten Garnisonen und die Beseitigung der politischen Bindungen an die Bundesrepublik bedeutet hätte. Gleichzeitig sollte die DDR die volle Hoheit »zu Lande, zu Wasser und zu Luft«, also auch über die Transitstrecken und Luftkorridore, erhalten. Ihre Forderungen unterstrich die Sowjetunion mit einem Ultimatum: Sollten die Westmächte sich nicht innerhalb von sechs Monaten zu einer entsprechende Übereinkunft bereitfinden, so werde die UdSSR die geplanten Maßnahmen durch ein Abkommen mit der DDR im Alleingang verwirklichen.

Aus der Note der sowjetischen Regierung vom 27. November 1958

Faktisch wird heute von allen alliierten Abkommen über Deutschland nur eines eingehalten: das Abkommen über den sogenannten vierseitigen Status Berlins. Gestützt auf diesen Status wirtschaften die drei Westmächte in Westberlin, verwandeln es in eine Art Staat im Staate, entfalten von Westberlin aus eine Wühltätigkeit gegen die DDR, die Sowjetunion und die anderen Teilnehmerländer des Warschauer Vertrages.

Dokumente zur Deutschlandpolitik IV/1, S. 169

Am 31. Dezember 1958 reagierten die Westmächte mit abgestimmten diplomatischen Noten, in denen sie eine einseitige Aufgabe von Rechten, die ihnen nach den alliierten Abkommen der Kriegs- und Nachkriegszeit hin-

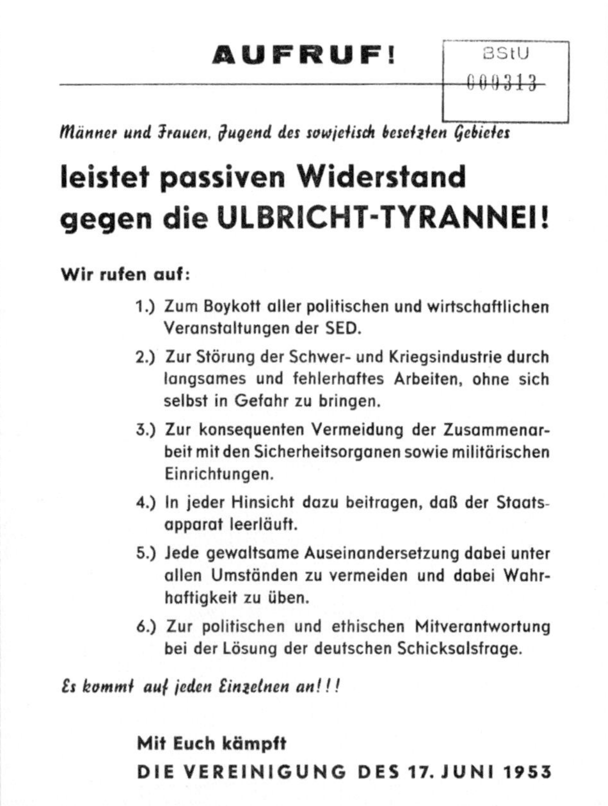

AUFRUF!

BStU 000313

Männer und Frauen, Jugend des sowjetisch besetzten Gebietes

leistet passiven Widerstand gegen die ULBRICHT-TYRANNEI!

Wir rufen auf:

1.) Zum Boykott aller politischen und wirtschaftlichen Veranstaltungen der SED.
2.) Zur Störung der Schwer- und Kriegsindustrie durch langsames und fehlerhaftes Arbeiten, ohne sich selbst in Gefahr zu bringen.
3.) Zur konsequenten Vermeidung der Zusammenarbeit mit den Sicherheitsorganen sowie militärischen Einrichtungen.
4.) In jeder Hinsicht dazu beitragen, daß der Staatsapparat leerläuft.
5.) Jede gewaltsame Auseinandersetzung dabei unter allen Umständen zu vermeiden und dabei Wahrhaftigkeit zu üben.
6.) Zur politischen und ethischen Mitverantwortung bei der Lösung der deutschen Schicksalsfrage.

Es kommt auf jeden Einzelnen an!!!

Mit Euch kämpft
DIE VEREINIGUNG DES 17. JUNI 1953

Handzettel mit SED-feindlicher Propaganda (BStU, ZA, AST Magdeburg, Abt. XX 3417, Bl. 313)

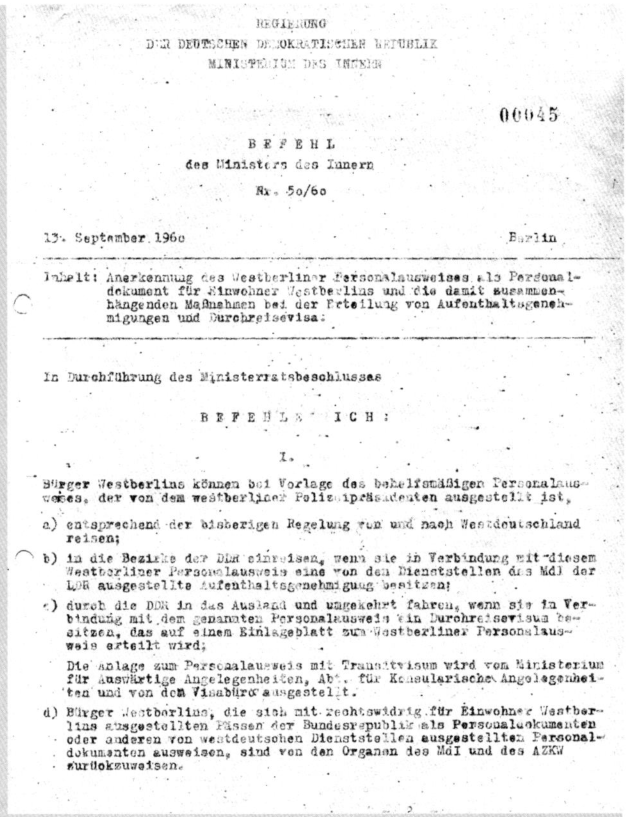

REGIERUNG
DER DEUTSCHEN DEMOKRATISCHEN REPUBLIK
MINISTERIUM DES INNERN

00045

B E F E H L
des Ministers des Innern
Nr. 50/60

13. September 1960 Berlin

Inhalt: Anerkennung des Westberliner Personalausweises als Personaldokument für Einwohner Westberlins und die damit zusammenhängenden Maßnahmen bei der Erteilung von Aufenthaltsgenehmigungen und Durchreisevisa:

In Durchführung des Ministerratsbeschlusses

B E F E H L E I C H :

I.

Bürger Westberlins können bei Vorlage des behelfsmäßigen Personalausweises, der von dem westberliner Polizeipräsidenten ausgestellt ist,

a) entsprechend der bisherigen Regelung von und nach Westdeutschland reisen;

b) in die Bezirke der DDR einreisen, wenn sie in Verbindung mit diesem Westberliner Personalausweis eine von den Dienststellen des MdI der DDR ausgestellte Aufenthaltsgenehmigung besitzen;

c) durch die DDR in das Ausland und umgekehrt fahren, wenn sie in Verbindung mit dem genannten Personalausweis ein Durchreisevisum besitzen, das auf einem Einlageblatt zum Westberliner Personalausweis erteilt wird;

Die Anlage zum Personalausweis mit Transitvisum wird vom Ministerium für Auswärtige Angelegenheiten, Abt. für Konsularische Angelegenheiten und von dem Visabüro ausgestellt.

d) Bürger Westberlins, die sich mit rechtswidrig für Einwohner Westberlins ausgestellten Pässen der Bundesrepublik als Personaldokumenten oder anderen von westdeutschen Dienststellen ausgestellten Personaldokumenten ausweisen, sind von den Organen des MdI und des AZKW zurückzuweisen.

Befehl des DDR-Innenministers vom 13. September 1960 zur Aberkennung der bundesdeutschen Reisepässe für Westberliner (BStU, ZA, BdL-Dok. 15650) sichtlich Berlins zustanden, kategorisch ablehnten. Sie boten dagegen an, die Berlin-Problematik im Rahmen von Verhandlungen über die Deutschland-Frage als Ganzes und Fragen der europäischen Sicherheit zu erörtern - freilich unter der Voraussetzung, daß sie dies nicht unter dem Druck eines Ultimatums machen müßten.

Aus der Note der Regierung der USA vom 31. Dezember 1958

Der weitere Schutz der Freiheit von über zwei Millionen Menschen in Westberlin ist von den drei Westmächten feierlich als Recht und Pflicht übernommen worden. Die Vereinigten Staaten können daher keinen Vorschlag in Betracht ziehen, der auf die Gefährdung der Freiheit und Sicherheit dieser Menschen hinauslaufen würde. Die Rechte der drei Mächte, in Berlin ohne Behinderung der Verbindungsstraßen und der Luftwege zwischen dieser Stadt und der Bundesrepublik Deutschland zu verbleiben, sind unter den gegebenen Bedingungen für die Ausübung dieses Rechtes und die Erfüllung dieser Pflicht von entscheidender Wichtigkeit. Daher ist der Vorschlag, aus Westberlin eine sogenannte »freie Stadt« zu machen, wie ihn die Sowjetunion unterbreitet hat, unannehmbar.

Dokumente zur Deutschlandpolitik IV/1, S. 442

Ungeachtet dieser scheinbar unerschütterten Haltung hatte der sowjetische Vorstoß in westlichen Regierungskreisen Verunsicherung und zum Teil Ratlosigkeit ausgelöst. Heute weiß man, daß die britische Regierung unter Premierminister Harold Macmillan zu weitreichenden Konzessionen bereit gewesen wäre und nur von der Unnachgiebigkeit der USA und Frankreichs gebremst wurde.

In der Westberliner Bevölkerung machte sich Besorgnis breit, denn die westliche Militärpräsenz und die ungehinderte Verbindung mit dem Westen - notfalls durch die Luft - bildeten für die Inselstadt die entscheidende Daseinsgrundlage. Chruschtschows Forderungen im Ohr, erfand der Berliner Witz sogleich den sarkastischen Begriff von der »vogelfreien Stadt«.

Aus der Westberliner satirischen Zeitschrift »Tarantel« Nr. 121, August 1961 (Bibliothek der Stiftung zur Aufarbeitung der SED-Diktatur)

Die Bedeutung des freien Zugangs nach Westberlin

Die Freiheit Westberlins wie jedes Westberliners hing allezeit daran, daß es durch die Luft wenigstens einen freien Weg nach außen gab; und so wäre die Zukunft absehbar gewesen: die Massenflucht aus einer Stadt, die innerlich abstirbt und der DDR am Ende als faule Frucht in die Hände fällt.

Bender: Neue Ostpolitik, S. 54

Chruschtschow nahm den Vorschlag der Westmächte auf, die Deutschland-Frage als Ganzes auf die politische Tagesordnung zu setzen. Er präsentierte am 10. Januar 1959 den Entwurf eines Friedensvertrages mit beiden deutschen Staaten, dessen Abschluß ebenfalls auf die von ihm gewünschte Berlin-Regelung hinauslaufen sollte, und ließ am 6. März in Leipzig die Drohung nachfolgen, daß die Sowjetunion einen separaten Friedensvertrag mit der DDR unterzeichnen werde, falls keine Vereinbarung zustande käme.

Die Lage entspannte sich etwas, als Chruschtschow am 19. März erklärte, die Auslegung seiner Berlin-Vorschläge als Ultimatum sei unzutreffend, und sich bereit fand, Berlin-Problem und Deutschland-Frage zusammen

Oben: Kontrollpunkt an der Transitautobahn in Helmstedt

Unten: Propagandatafel in Köpenick (Ostberlin), Juni 1960

auf einer alliierten Außenministerkonferenz zu verhandeln. Sie fand vom 11. Mai bis zum 5. August 1959 in Genf statt – erstmals unter Einbeziehung von Delegationen beider deutscher Staaten in beratender Funktion (an den berühmten »Katzentischen«). Auf der Konferenz herrschte im ganzen eine relativ konstruktive Atmosphäre, doch die Positionen der beiden Seiten waren grundsätzlich unvereinbar. In der Berlin-Frage hatten sich Washington, London und Paris auf eine im wesentlichen unnachgiebige Linie verständigt, doch machten die Westalliierten auf der Grundlage des Status quo einige Kompromißvorschläge. Sie boten eine Begrenzung ihrer Truppen in Westberlin auf den damaligen Stand von 11 000 Mann an – mit Aussicht auf eine spätere Reduzierung –, sowie eine Garantie, daß diese auch zukünftig nur konventionell bewaffnet sein würden. Außerdem gestanden sie zu, daß die Kontrollen auf den Transitstrecken, »unbeschadet bestehender Grundverantwortlichkeiten« der Sowjetunion, von DDR-Personal durchgeführt werden könnten. Der sowjetische Verhandlungsführer Andrej Gromyko wies dieses Angebot als völlig unzureichend zurück; er forderte unter anderem eine Reduzierung der westalliierten Truppen auf die symbolische Größe von höchstens 3 000 bis 4 000 Mann.

Die Genfer Außenministerkonferenz endete ohne greifbare Ergebnisse; es kam im September 1959 lediglich zu einem direkten Meinungsaustausch zwischen Chruschtschow und dem amerikanischen Präsidenten Eisenhower in den USA und zur Verabredung einer Gipfelkonferenz für das nächste Jahr in Paris. Doch schon im Vorfeld dieser Konferenz verhärtete sich die sowjetische Haltung wieder angesichts der westlichen Entschlossenheit, grundsätzlich am Besatzungsstatut für Berlin festzuhalten. Schließlich benutzte Chruschtschow den Abschuß eines in den sowjetischen Luftraum eingedrungenen amerikanischen Spionageflugzeugs vom Typ U 2 als Vorwand, um die Gipfelkonferenz am 16. Mai 1960 platzen zu lassen, noch bevor sie begonnen hatte. Eisenhower hatte nur noch wenige Amtsmonate vor sich; wahrscheinlich hoffte Chruschtschow, mit dem neuen amerikanischen Präsidenten besser ins Geschäft kommen zu können.

Im Nachgang zum gescheiterten Gipfel begann Ulbricht, die Situation in Berlin zu verschärfen. Die Ausrichtung des Jahrestreffens »Tag der Heimat« der Vertriebenenverbände in Westberlin lieferte ihm den Vorwand, Bundesbürgern zunächst befristet vom 31. August bis zum 4. September Reisen nach Ostberlin nur noch mit einer Aufenthaltsgenehmigung zu gestatten. Das Ganze war offenbar ein Test, denn schon am 8. September wurde die Regelung unbefristet in Kraft gesetzt. Wenig später weigerte sich die DDR zudem, die Bundespässe von Westberlinern weiterhin als Reisedokumente anzuerkennen.

Jetzt reagierte die Bundesregierung. Mit Rückendeckung der USA kündigte sie am 30. September 1960 das Interzonenhandelsabkommen. Durch diesen Schritt, der für die SED-Führung nicht unerwartet kam, wurde der DDR schmerzlich vor Augen geführt, wie abhängig sie wirtschaftlich immer noch vom innerdeutschen Handel war. Bei den Verhandlungen über ein neues Abkommen mußte die DDR-Seite zähneknirschend die Regelung vom 8. September zurücknehmen und die freie Zufahrt nach Westberlin garantieren. Unter der Parole »Störfreimachung« unternahm sie in der Folgezeit Anstrengungen, die DDR-Wirtschaft von dieser Abhängigkeit zu befreien, was ihr zusätzliche ökonomische Schwierigkeiten bescherte.

Am 20. Januar 1961 wurde John F. Kennedy Präsident der Vereinigten Staaten. Es folgte eine relativ ruhige Phase des diplomatischen Abtastens, in der beide Seiten politische Initiativen vermieden, die die Berlin-Krise verschärfen konnten. Erst im Frühsommer 1961 spitzte sich die Lage wieder zu.

Genfer Außenministerkonferenz
(11. Mai – 5. August 1959)

Markierung der Berliner
Sektorengrenze 1948

Rückblende – Entwicklung der Fluchtbewegung und der Verhältnisse an der innerdeutschen Grenze

Die »Demarkationslinie« wird zum »Eisernen Vorhang«

Die Sowjetisierung der Ostzone, die von den deutschen Kommunisten mit Rückendeckung der Besatzungsmacht trotz einer anderslautenden politischen Programmatik von Anfang an betrieben wurde, war schon früh einer der Hauptgründe für eine massive Abwanderung nach Westen. Der Aderlaß war schon in der Frühzeit so erheblich, daß sich die alliierten Siegermächte auf Wunsch der sowjetischen Seite schon im Oktober 1946 veranlaßt sahen, die Bevölkerungsbewegung durch die Einführung von Interzonenpässen unter Kontrolle zu bringen; seit 1945 waren allein 1,6 Millionen Ostdeutsche in die britische Besatzungszone abgewandert. Während die westlichen Besatzungsmächte die Bewegungsfreiheit der Deutschen zwischen ihren Zonen 1947 schrittweise wieder herstellten, wurde die auf Befehl der Sowjetischen Militäradministration im November 1946 in der SBZ gegründete Grenzpolizei systematisch ausgebaut. Betrug ihre Personalstärke anfangs noch etwa 2500, so stieg diese bis Mitte des Jahres 1948 auf 10 000 und auf 18 000 im Jahre 1949 an. Die Deutsche Grenzpolizei stand in dieser Zeit noch unter dem direkten Weisungsrecht der im Grenzdienst eingesetzten sowjetischen Kommandeure.

Das Grenzregime der sowjetischen Besatzungszone war schon früh durch eine außerordentliche Härte gekennzeichnet. Eine vom damaligen Chef der Gruppe der sowjetischen Streitkräfte in Deutschland, Marschall Wassili Sokolowski, ausgegebene Richtlinie bestimmte, daß Grenzsoldaten auch auf Flüchtige schießen durften. Die ersten Todesschüsse an der innerdeutschen Grenze fielen im Jahre 1949.

Im Zusammenhang mit der Blockade der Verbindungswege zwischen Westberlin und den Westzonen wurde 1948 ein »Ring um Berlin« (unter Einschluß des Ostsektors) gebildet, der auch nach Ende der Blockade im Mai 1949 als Gürtel mit Kontrollpunkten an Straßen, Wasserwegen und Bahnhöfen bestehen blieb. Die Zielrichtung war

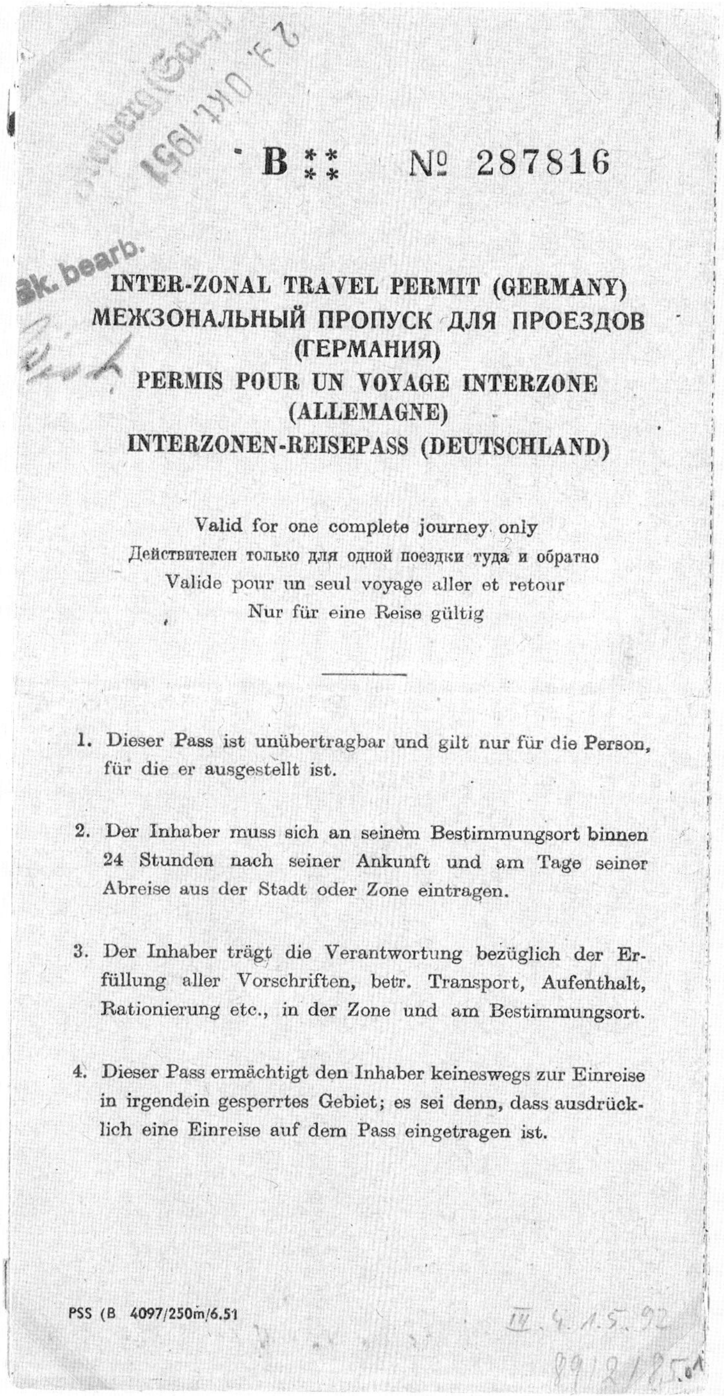

B ** № 287816

INTER-ZONAL TRAVEL PERMIT (GERMANY)
МЕЖЗОНАЛЬНЫЙ ПРОПУСК ДЛЯ ПРОЕЗДОВ (ГЕРМАНИЯ)
PERMIS POUR UN VOYAGE INTERZONE (ALLEMAGNE)
INTERZONEN-REISEPASS (DEUTSCHLAND)

Valid for one complete journey only
Действителен только для одной поездки туда и обратно
Valide pour un seul voyage aller et retour
Nur für eine Reise gültig

1. Dieser Pass ist unübertragbar und gilt nur für die Person, für die er ausgestellt ist.

2. Der Inhaber muss sich an seinem Bestimmungsort binnen 24 Stunden nach seiner Ankunft und am Tage seiner Abreise aus der Stadt oder Zone eintragen.

3. Der Inhaber trägt die Verantwortung bezüglich der Erfüllung aller Vorschriften, betr. Transport, Aufenthalt, Rationierung etc., in der Zone und am Bestimmungsort.

4. Dieser Pass ermächtigt den Inhaber keineswegs zur Einreise in irgendein gesperrtes Gebiet; es sei denn, dass ausdrücklich eine Einreise auf dem Pass eingetragen ist.

PSS (B 4097/250m/6.51

Interzonenpaß

»Rosinenbomber« während der Blockade Westberlins 1948

klar: Hiermit sollte die offene Grenze in Berlin, so gut es ging, unter Kontrolle gebracht werden.

Die Gründung der beiden deutschen Staaten im Herbst 1949 verstärkte den Exodus aus dem Osten. Die Zahl der Flüchtlinge erreichte 1950 fast die 200 000-Marke. Im Jahr 1952 vertiefte sich die deutsche Spaltung. Die am 9. Mai durch die Bundesrepublik paraphierten Verträge über die »Europäische Verteidigungsgemeinschaft« (EVG) nahm das SED-Regime zum Vorwand, die knapp 1 400 Kilometer lange innerdeutsche Grenze in einen »Eisernen Vorhang« umzuwandeln.

Am 16. Mai 1952 wurde die Deutsche Grenzpolizei, die zunächst zum Verantwortungsbereich des Ministeriums des Innern gehört hatte, dem Ministerium für Staatssicherheit unterstellt. Am 26. Mai, drei Tage vor der Unterzeichnung des EVG-Vertrages durch die Bundesrepublik, erließ der Minister für Staatssicherheit auf der Grundlage einer Regierungsvorlage eine Polizeiverordnung, die entlang der innerdeutschen Grenze eine fünf Kilometer breite »Sperrzone« errichtete. Unmittelbar an der Demarkationslinie wurden ein zehn Meter breiter »Kontrollstreifen« sowie ein 500 Meter breiter »Schutzstreifen« angelegt.

Polizeiverordnung über die Einführung einer besonderen Ordnung an der Demarkationslinie (Auszug)

§ 1

Die entlang der Demarkationslinie zwischen der Deutschen Demokratischen Republik und Westdeutschland festgelegte Sperrzone umfaßt einen zehn Meter breiten Kontrollstreifen unmittelbar an der Demarkationslinie, anschließend einen etwa 500 Meter breiten Schutzstreifen und dann eine etwa fünf Kilometer breite Sperrzone.

§ 2

Die Bestimmungen über den kleinen Grenzverkehr sind ab sofort aufgehoben. Die Demarkationslinie darf nur mit gültigem Interzonenpaß an den vorgesehenen Kontrollpunkten der Deutschen Grenzpolizei passiert werden.

§ 3

Für Personen, die im Sperrgebiet wohnen, werden ab sofort keine Interzonenpässe mehr ausgegeben. Für Personen, die in Westdeutschland wohnen, werden für das Sperrgebiet keine Aufenthaltsgenehmigungen mehr erteilt. Die Einreise in das Sperrgebiet mit Interzonenpaß oder Visum ist mit sofortiger Wirkung verboten.

§ 4

Das Überschreiten des 10-m-Kontrollstreifens ist für alle Personen verboten. Personen, die versuchen, den Kontrollstreifen in Richtung der Deutschen Demokratischen Republik oder West-

deutschland zu überschreiten, werden von den Grenzstreifen festgenommen.
Bei Nichtbefolgung der Anordnung der Grenzstreifen wird von der Waffe Gebrauch gemacht.
Erlassen vom Minister für Staatssicherheit Wilhelm Zaisser am 26. Mai 1952 (zit. nach Bennewitz/Potratz: Zwangsaussiedlungen, S. 231 f.)

Die mit dem Ausbau der Grenze einhergehenden »vorbeugenden Maßnahmen« gegen die Bevölkerung der Grenzgebiete zeigte, daß das neue Grenzregime sich primär nicht gegen westliche »Eindringlinge«, sondern gegen fluchtwillige Bürger des eigenen Staates richtete.

Die Sperrzone konnte nur mit Sondergenehmigungen bzw. Sonderausweisen befahren oder betreten werden. Wer in dieser Fünf-Kilometer-Zone wohnte und arbeitete, mußte als politisch zuverlässig erscheinen. Menschen, die als Störenfriede ins Visier der Sicherheitsorgane der Grenzkreise geraten waren, kamen auf »schwarze Listen«. Am 27. Mai 1952 begann in der Sperrzone die erste massive Zwangsumsiedlung von Einwohnern unter dem bezeichnenden Codenamen »Aktion Ungeziefer«. In wenigen Tagen mußten 8331 Menschen über Nacht ihre Häuser verlassen und verloren ihre unmittelbare Heimat. Die diskreditierende und menschenverachtende Art und Weise der Durchführung der Umsiedlung verstärkte die Wirkung der ohnehin schon harten Maßnahme. Einige Betroffene verübten Selbstmord. Andere wehrten sich standhaft und wurden verhaftet. Für das Ministerium für Staatssicherheit legte die Aktion die Grundlage für eine verstärkte Präsenz in den Grenzregionen.

»Als die Gewalt regierte« – Hedwig Roth berichtet aus Kaltennordheim über ihre Erlebnisse in der Zeit vom 15. bis 20. Juni 1952

In der Hauptstraße von Kaltennordheim, von der Kirche bis in die Eisenacher Straße, waren mit Planen gedeckte LKW aufgefahren, die stark von Sicherheitskräften bewacht waren. In diesen sollten die Familien, die zwangsevakuiert wurden, abtransportiert werden. Meine zukünftige Schwägerin Johanna und ich standen an der Schule

Der Minister für Staatssicherheit Wilhelm Zaisser und sein Staatssekretär Erich Mielke

Handzettel des niedersächsischen Zonenrandberatungsdienstes (BStU, ASt Magdeburg, Abt. XX 3417, Bl. 322)

Achtung! Demarkationslinie!

BStU 000022

Informationen für den Besucher

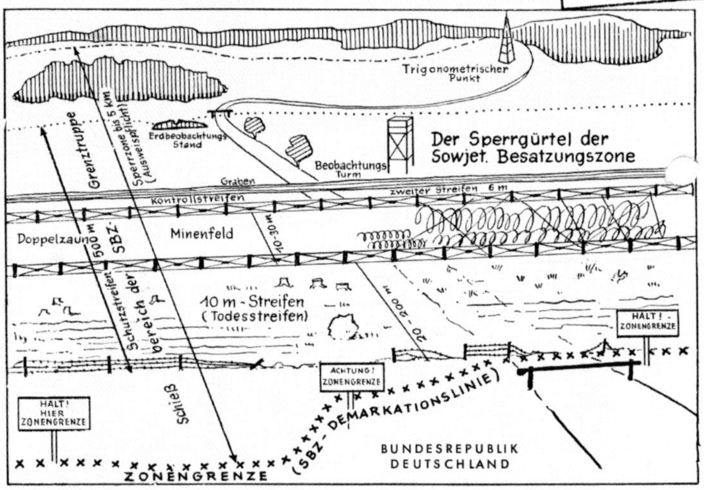

Ein tief gegliedertes System von Stacheldrahtzäunen, Drahtverhauen, Minen, Beobachtungsständen und Sperrzonen trennt die Menschen unseres Volkes mehr voneinander als Ozeane, Gebirge und Staatsgrenzen. Hinter diesem Befestigungswall leben Deutsche wie wir. Auch sie wollen Recht und Freiheit. Aber Spitzel, Fanatiker und Irregeführte sowie eine drakonische Justiz sorgen dafür, daß sie von diesen Grundrechten keinen Gebrauch machen können.

Vergessen wir es nie: Drüben ist auch Deutschland!

Genaue Informationen über die örtlichen Verhältnisse geben die Dienststellen des Zollgrenzdienstes, des Bundesgrenzschutzes, die Zonenrandberatungsdienste der Kreisverwaltungen in Braunlage, Duderstadt, Gifhorn, Göttingen, Goslar, Helmstedt, Lüneburg, Lüchow, Osterode, Wolfenbüttel und Zellerfeld.

Auskünfte für Besuchergruppen erteilt der Zonenrandberatungsdienst für Niedersachsen im Niedersächsischen Ministerium für Bundesangelegenheiten, für Vertriebene und Flüchtlinge, Hannover, Calenberger Str. 2

Bitte nicht wegwerfen! **Bitte weitergeben!**

(Treibplatz) mit anderen empörten Einwohnern von Kaltennordheim. Wir konnten sehen, wie Edith Seugling mit ihrem Kleinkind im Kinderwagen gewaltsam angeschleppt und auf einen Lastwagen geschoben wurde. Weinend und empört liefen wir hin, wurden von Polizisten zurückgewiesen. Einem älteren Polizisten standen auch Tränen in den Augen und er genehmigte uns eine Verabschiedung. Edith sagte zu uns: »Laßt alles sein, es hat keinen Zweck, sie haben die Macht«. [...]

Als hier bekannt wurde, daß so viele Leute einfach weggebracht werden sollten, gingen viele Bürger mutig auf die Straße. Die Kirchenglocken wurden geläutet und die Feuersirene heulte. Es versammelten sich viele Leute. Da kam ein Überfallkommando mit Hunden und Schlagstöcken. Die Menschen rannten zum Teil in die Häuser, zum Teil in ihre Straßen, von Hunden und schlagenden Polizisten verfolgt. Viele hatten Prellungen und Wunden.

Aus »Südthüringische Zeitung« vom 27. Juni 1992.

Die Werbung von Grenzpolizeihelfern, die im August 1952 im Zusammenwirken mit der SED begann, war ein weiterer Baustein zur polizeilichen Durchdringung der Grenzgebiete. Noch im gleichen Jahr erreichte die Personalstärke der Deutschen Grenzpolizei 35 000 Mann.

Im Sommer 1952 bekräftigte eine Direktive zum Schußwaffengebrauch den Schießbefehl gegen Flüchtlinge. Eine weitere Bestimmung, die Flüchtlingen später zum Verhängnis wurde, fiel ebenfalls in diese Zeit. Es wurde festgelegt, Verletzte und Tote bis zur ersten Untersuchung am Ort des Geschehens zu belassen.

Der im Sommer 1952 begonnene pioniertechnische Ausbau des »Schutzstreifens« diente eindeutig vor allem der Verhinderung von Fluchten von Ost nach West. Stacheldrahtzäune bildeten das erste Hindernis. Dahinter ragten Wachtürme in den Himmel, von denen aus die Wachposten einen weiten Überblick über das Gelände hatten. Am Boden waren Erdbeobachtungsstände und Zwei-Mann-Betonbunker mit Schießscharten versenkt. Überall lauerten technische Alarmvorrichtungen. Als Hindernisse für Fahrzeuge dienten Sperrgräben von ein bis zwei Meter Tiefe. Dann folgte ein Patrouillenweg für motorisierte Einsatzkommandos, Lichtanlagen sowie ein sechs bis zehn Meter breiter Spurensicherungs- und Kontrollstreifen für die Grenzposten. Wer weiter wollte, mußte einen zwei bis drei Meter hohen Stacheldrahtzaun, unsichtbar angelegte Signaldrähte, ein etwa 25 Meter breites Minenfeld und ein schußfreies Gelände mit einem spurensichernden Kontrollstreifen sowie einen Metallgitterzaun überwinden. Im Jahre 1960 wurden die ersten Hundetrassen gebaut sowie Bodenminen verlegt, die durch Stolperdrähte und nur in Ost-West-Richtung ausgelöst werden konnten.

Berlin blieb von solchen Maßnahmen zunächst noch ausgespart, doch die Grenzabriegelung zu Westdeutschland konnte an der Viersektorenstadt nicht ganz spurlos vorübergehen, denn es war absehbar, daß die Fluchtbewegung sich nun noch stärker als bisher auf das »Grenzloch« in der ehemaligen Reichshauptstadt hinorientieren würde. Die vom SED-Staat eingeleiteten Maßnahmen, die sich im wesentlichen auf einen erschwerten Zugang und auf verschärfte Kontrollen von Reisenden aus der DDR am »Berliner Ring«, also an der Stadtgrenze (auch Ostberlins), konzentrierten, konnten den Flüchtlingsstrom aber nicht wirklich eindämmen. Fortan bildete Berlin das Fluchtziel Nummer eins.

Abstimmung mit den Füßen

Der Verlauf der Flüchtlingszahlen in den fünfziger Jahren war von den politischen Entwicklungen maßgeblich beeinflußt. Besonders harte Repressionsphasen, verstärkter gesellschaftlicher Transformationsdruck von seiten der SED sowie ökonomische und deutschlandpolitische Krisensituationen führten zu entsprechenden Schüben der Fluchtbewegung. Den Höhepunkt erreichte sie im Jahre 1953 mit über 330 000 Flüchtlingen. Hier zeigten sich die Auswirkungen der extrem harten Phase im Anschluß an die 2. Parteikonferenz der SED, auf der im Juli 1952 der »planmäßige Aufbau des Sozialismus« verkündet worden war. Angehörige bürgerlicher Gruppen, Einzelbauern, kirchlich gebundene Menschen wurden jetzt systematisch diskriminiert und verstärkt drangsaliert. Viele sahen für sich in der DDR keinerlei Perspektiven mehr; sie wurden regelrecht aus dem Land gedrängt. Auch die Niederschlagung des Juni-Aufstandes trieb noch einmal eine Flüchtlingswelle in den Westen, obwohl die SED mit dem »Neuen Kurs« gleichzeitig eine Milderung ihrer Politik eingeleitet hatte. Daß auch deutschlandpolitische Faktoren nicht unerheblichen Einfluß auf die Fluchtentwicklung hatten, zeigen die hohen Werte der Jahre 1955 und 1956. 1955 erfolgte die endgültige Integration der beiden deutschen Staaten in die jeweiligen politisch-militärischen Blöcke, wodurch die Hoffnungen auf baldige Wiedervereinigung Deutschlands stark gedämpft wurden. Auch im folgenden Jahr blieb die Fluchtbewegung stark, obwohl 1956 innenpolitisch ein ausgesprochenes Tauwetterjahr war.

Als Schild und Schwert der Partei hatte das Ministerium für Staatssicherheit eine Schlüsselrolle bei der Bekämpfung der »Republikflucht«. Als 1955 die Flüchtlingszahlen wieder stark anstiegen, wurde die Geheimpolizei von der

Aus der »Tarantel« Nr. 122, November 1961 (Bibliothek der Stiftung zur Aufarbeitung der SED-Diktatur)

Im Archiv des MfS überlieferte Graphik. Sie basiert auf den Zahlen der Deutschen Volkspolizei, die sich (vor allem bis 1955) nicht mit den westlichen Zahlen aus dem Notaufnahmeverfahren decken. (BStU, ZA, AS 109/65, Bd. 10, Bl. 43)

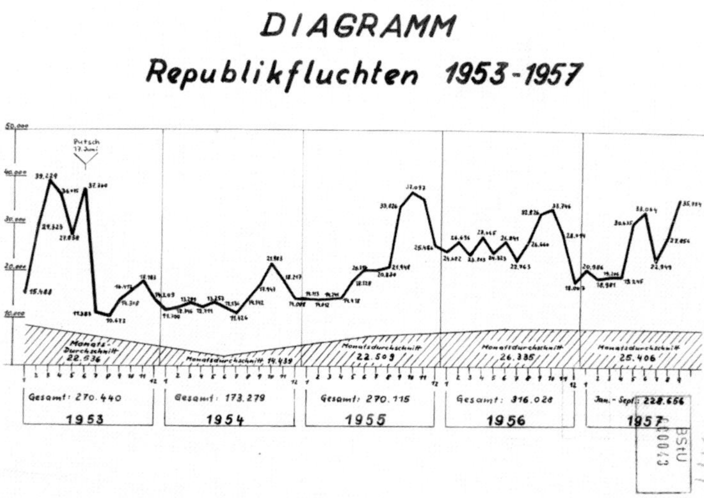

Oben: Schreiben Mielkes an seinen Stellvertreter Bruno Beater (BStU, ZA, AS 182/56, Bl. 155)

Unten: Handzettel eines Westberliner Flüchtlingshilfevereines (BStU, ASt Magdeburg, Abt. XX 3417, Bl. 339)

An den
Gen. Oberst B e a t e r

im H a u s e

Persönlich !

Berlin, den 25.5.1955

Zur Arbeit in den Flüchtlingslagern in Westberlin

Zur Verstärkung des Kampfes gegen die Republikflucht als auch zur Kompromittierung von Personen, die aus irgendwelchen belastenden Gründen die DDR verlassen haben und in diese Flüchtlingslager eingewiesen werden, ist es notwendig, einige bereits angeordnete Maßnahmen zu vertiefen bzw. eine Reihe neuer Maßnahmen durchzuführen.

1.) Die Flüchtlingslager sind beim Gegner zu kompromittieren als Aufenthaltsstätten von Leuten, die Agenten der DDR sind. Zur Verstärkung dieser Maßnahme sind jetzt sofort beschleunigt Personen anzuwerben und als Flüchtlinge nach Westberlin zu schicken.

2.) Durch die vorhandenen Agenturen und andere Möglichkeiten in den Lagern sind eine Reihe von Aktionen vorzubereiten, z.B. Verbreitung von Flugblättern, Gerüchten über das Schicksal der Flüchtlinge und andere Maßnahmen, die Panik und Unruhe erzeugen.

3.) Mit einigen Flüchtlingen ist ein Briefwechsel zu organisieren, um dadurch einen Einfluß auf die Briefempfänger selbst und auf andere Lagerinsassen auszuüben.

Flüchtlinge!

Die Mitgliedschaft im Verband **„Der Wegweiser für Sowjetzonenflüchtlinge"** sichert Euch bei rechtzeitigem Eintritt Auskunft jeder Art, Beratung und Vertretung im Bundesnotaufnahmeverfahren usw.

Darum kommt **sofort nach Eurem Eintreffen** in unsere Sprechstunden täglich außer donnerstags von 9 bis 14 Uhr in die Hauptgeschäftsstelle des Verbandes in **Berlin-Mariendorf, Fritz-Werner-Straße 39,** am Ende der Körtingstraße (10 Minuten Fußweg vom Notaufnahmelager Marienfelde). **Mit Straßenbahn 98 aussteigen Großbeerenstraße, Ecke Körtingstraße.**

Es erwarten Euch erfahrene Vorstandsmitglieder des Verbandes

Der Wegweiser für Sowjetzonenflüchtlinge e.V.

SED-Führung in diesem Bereich verstärkt in die Pflicht genommen. Noch bevor sie im Februar 1956 in einem Schreiben an alle 1. Sekretäre der Bezirks- und Kreisleitungen der SED die offensive Bekämpfung der Flucht anwies, hatte sie dem MfS einen spezifischen Beitrag abverlangt: die Bekämpfung der »Abwerbetätigkeit feindlicher Zentren«, das Liefern von Analysen und Informationen über die Ursachen der Fluchtbewegung, eine verstärkte »operative Tätigkeit« in den westdeutschen und Westberliner Flüchtlingslagern und die »operative Bearbeitung« zurückgekehrter Flüchtlinge. Im Mai 1956 lag ein Sofortprogramm zur Bekämpfung der »Republikflucht« vor. Gemäß der ideologischen Fiktion, daß westliche Unterminierungsstrategien für die Probleme der DDR im allgemeinen und die Abwanderung ihrer Bürger im besonderen verantwortlich seien, legte die Staatssicherheit einen Schwerpunkt ihrer Aufmerksamkeit auf die sogenannte Westarbeit, mit der sie vorrangig die »Abwerbung« zu bekämpfen gedachte. So hatte etwa die für die Postkontrolle zuständige Abteilung »M« alle Werbeprospekte, Stellenangebote und Briefe, die auf geplante oder vollzogene Republikfluchten hindeuteten, abzufangen und den zuständigen operativen Abteilungen zuzuleiten. In den westlichen Auffanglagern sollte nach den Plänen der Staatssicherheit ein Spitzelnetz mit dem Ziel aufgebaut werden, »das ganze Flüchtlingswesen der Bundesrepublik« in Unruhe zu versetzen.

Auch die »Bearbeitung« der sogenannten Rückkehrer, also der Flüchtlinge, die aus den verschiedensten Gründen nach einiger Zeit in die DDR zurückkehrten, war eine Domäne des MfS. Einerseits befürchtete man, daß auf diese Weise vom Westen Agenten eingeschleust würden und begegnete den Rückkehrern mit Mißtrauen. Auf der anderen Seite wurde im Einzelfall geprüft, ob sie nicht agitatorisch genutzt werden konnten, indem man sie zu öffentlichen Erklärungen über den angeblichen Mißbrauch oder die Not von Geflüchteten im Westen veranlaßte.

Schwachpunkte bei der Bekämpfung der »Republikflucht« wollte die Staatssicherheit durch die Besetzung von Schlüsselfunktionen bei der Polizei, in der Grenzaufklärung und in DDR-Aufnahmelagern mit eigenen Mitarbeitern in den Griff bekommen.

Einschätzung der Gründe für die Republikfluchten durch das MfS vom 7. August 1958 (Auszug)

Im allgemeinen wurde durch unsere Staatsorgane festgestellt, daß die Gründe der Republikflucht in der überwiegenden Mehrzahl persönlicher Art sind und nur in der Minderheit es sich um rein politische Motive handelt.

Bei den Fluchtgründen persönlicher Art handelt es sich im allgemeinen um:

a) den Wunsch nach wirtschaftlicher Verbesserung, Unzufriedenheit auf der Arbeitsstelle u. ä.;

b) private Gründe – wie Übersiedlung, Nachreisen zu anderen bereits im Westen wohnenden Familienangehörigen oder Verwandten, Ehestreitigkeiten usw.;

c) fachliche Mängel in der Arbeit, disziplinarische oder moralische Vergehen, welche mit einer Herabsetzung in der Stellung oder mit dem Wechsel der Arbeitsstelle verbunden sind;

d) Furcht vor Strafe nach Begehen einer strafbaren Handlung.

Bei den Fluchtgründen politischer Art handelt es sich im allgemeinen um:

a) Auftreten gegen die bestehenden politischen Verhältnisse in der DDR;

b) fühlen sich persönlich »verfolgt« oder befürchten eine Verhaftung aus politischen Gründen;

c) Ablehnung der politischen Arbeit;

d) Tätigkeit gegen die DDR für feindliche Dienststellen und Organisationen,

wobei sich besonders stark auswirkt die von den westlichen Rundfunkstationen, Flugblättern usw. verbreitete psychologische Täuschung, daß es in Westdeutschland und Westberlin die im Osten nicht vorhandenen »Freiheiten« gibt, das Leben schöner und leichter ist, Gegenstände des täglichen Bedarfs in weit größerer Auswahl vorhanden und für den einfachen Menschen leichter zu beschaffen sind, usw.

Die hohen Ziffern der Republikflüchtigen zeigen auch ganz klar, daß der Unglaube an die Kraft der Arbeiterklasse und an die Perspektiven des Sozialismus bei einem großen Teil der Bevölkerung der DDR noch vorhanden ist.

Dem Westen, dem kapitalistischen Regime also, wird eine Stärke zuerkannt, die trotz der großen außenpolitischen Demonstration der Sowjetunion, besonders auf der Grundlage des hohen technischen Niveaus, wie Raketen, Sputniks usw., doch noch eine steigende Tendenz aufweist und klar zeigt, daß im Rahmen des großen Planes, des sogenannten

DDR-Propaganda gegen die »Republikflucht«

Die Strafrechtsnorm »Verleitung zum Verlassen der DDR« im Strafrechtsergänzungsgesetz vom Dezember 1957

643

GESETZBLATT
der Deutschen Demokratischen Republik
Teil I

1957	Berlin, den 23. Dezember 1957	Nr. 78

Tag	Inhalt	Seite
11. 12. 57	**Gesetz zur Ergänzung des Strafgesetzbuches — Strafrechtsergänzungsgesetz —**	643
11. 12. 57	**Gesetz über Eintragung und Tilgung im Strafregister — Strafregistergesetz (StRG) —**	647
11. 12. 57	**Gesetz zur Änderung des Paßgesetzes der Deutschen Demokratischen Republik**	650
27. 11. 57	Achte Durchführungsbestimmung zum Gesetz zur Förderung des Handwerks	651
30. 11. 57	Zehnte Durchführungsbestimmung zum Gesetz über Devisenverkehr und Devisenkontrolle (Behandlung von Zahlungsmitteln und anderen Devisenwerten aus- und einreisender Deviseninländer)	653
29. 11. 57	Preisanordnung Nr. 505/1. — Anordnung über die Preisbildung für Rohholz und Rinden —	654

§ 21

Verleitung zum Verlassen der Deutschen Demokratischen Republik

(1) Wer es unternimmt, eine Person

1. im Auftrage von Agentenorganisationen, Spionageagenturen oder ähnlichen Dienststellen oder von Wirtschaftsunternehmen oder
2. zum Zwecke des Dienstes in Söldnerformationen

zum Verlassen der Deutschen Demokratischen Republik zu verleiten, wird mit Zuchthaus bestraft; auf Vermögenseinziehung kann erkannt werden.

(2) Wer es unternimmt, einen Jugendlichen oder einen in der Berufsausbildung stehenden Menschen oder eine Person wegen ihrer beruflichen Tätigkeit oder wegen ihrer besonderen Fähigkeiten oder Leistungen mittels Drohung, Täuschung, Versprechen oder ähnlichen die Freiheit der Willensentscheidung beeinflussenden Methoden zum Verlassen der Deutschen Demokratischen Republik zu verleiten, wird mit Gefängnis nicht unter sechs Monaten bestraft.

Unten: Die im Dezember 1957 erfolgte Neufassung von § 8 des DDR-Paßgesetzes stellte die »Republikflucht« unter Strafe

Gesetz
zur Änderung des Paßgesetzes der Deutschen Demokratischen Republik.
Vom 11. Dezember 1957

Zur Änderung des Paßgesetzes der Deutschen Demokratischen Republik vom 15. September 1954 wird folgendes Gesetz beschlossen:

§ 1

§ 8 des Paßgesetzes erhält folgende Fassung:

„(1) Wer ohne erforderliche Genehmigung das Gebiet der Deutschen Demokratischen Republik verläßt oder betritt oder wer ihm vorgeschriebene Reiseziele, Reisewege oder Reisefristen oder sonstige Beschränkungen der Reise oder des Aufenthaltes hierbei nicht einhält, wird mit Gefängnis bis zu drei Jahren oder mit Geldstrafe bestraft.

(2) Ebenso wird bestraft, wer für sich oder einen anderen durch falsche Angaben eine Genehmigung zum Verlassen oder Betreten des Gebietes der Deutschen Demokratischen Republik erschleicht.

(3) Vorbereitung und Versuch sind strafbar."

§ 2

§ 9 des Paßgesetzes erhält folgende Fassung:

„Wer sich ohne Genehmigung im Gebiet der Deutschen Demokratischen Republik aufhält, kann aus der Deutschen Demokratischen Republik verwiesen werden."

§ 3

Dieses Gesetz tritt mit sofortiger Wirkung in Kraft.

Das vorstehende, vom Präsidenten der Volkskammer im Namen des Präsidiums der Volkskammer unter dem dreizehnten Dezember neunzehnhundertsiebenundfünfzig ausgefertigte Gesetz wird hiermit verkündet.

Berlin, den dreiundzwanzigsten Dezember neunzehnhundertsiebenundfünfzig

Der Präsident
der Deutschen Demokratischen Republik
In Vertretung:
Dr. Dieckmann
Präsident der Volkskammer der Deutschen Demokratischen Republik

psychologischen Krieges, die Aufweichungstaktik als Kernstück des feindlichen Angriffs dient.

Die Wirksamkeit liegt auch darin, daß bei der hohen Anzahl der Republikflüchtigen ein hoher Prozentsatz Personen ist, die nicht nur Mitglieder unserer Partei sind, sondern auch Funktionen innerhalb der Partei bekleiden.

Die durch operative Arbeit beschafften internen Dokumente des Notaufnahmeverfahrens in Westberlin geben uns einen ziemlich genauen Überblick über Anerkennung und Gründe der in Westberlin und Westdeutschland ankommenden Flüchtlinge.

a) allgemeiner politischer Druck	23 %
b) Furcht vor politischer Strafe	20 %
c) mangelnde gesellschaftliche Aktivität	10 %
d) mangelnde Tätigkeit in der SED	2 %
e) politische Haft	6 %
f) Agenten	4 %
g) vom MfS angesprochene Personen	4 %
h) inoffizielle Mitarbeiter des MfS	3 %
	= 72 %
a) Nachziehen von Familienangehörigen	8 %
b) schwierige wirtschaftliche Verhältnisse	7 %
c) Furcht vor einer wirtschaftlichen Strafe	6 %
d) Wirtschaftshaft	1 %
e) Westreisen	6 %
	= 28 %

Bei der Beurteilung der beschafften internen Dokumente muß ebenfalls festgestellt werden, daß die genannten Prozentzahlen nur das Bild widerspiegeln, welches durch die Aussagen der Republikflüchtigen bei den Prüfungsstellen geschaffen wurde und nur bedingt den Tatsachen entspricht, da jeder Republikflüchtige »anerkannt« werden möchte, dies aber nur durch Angeben politischer Gründe, die ihn angeblich zur Flucht aus der DDR zwangen, erreichen kann.

Quelle: BStU, ZA, AS 109/65, Bd. 10, Bl. 6–8

Rückgang der Fluchten im Zeichen von Strafandrohung und wirtschaftlicher Besserung

Der Rückgang der Fluchtzahlen im Jahre 1958 steht im Zusammenhang mit einer relativen ökonomischen Konsolidierung der DDR. Von noch größerer Bedeutung für diese Entwicklung waren aber zweifellos die rechtlichen Maßnahmen zur Eindämmung des Flüchtlingsstroms. Im Dezember 1957 novellierte die Volkskammer der DDR den Paragraphen 8 des Paßgesetzes dahingehend, daß »der ungenehmigte Grenzübertritt« wie auch der Versuch, die Vorbereitung und die Beihilfe dazu unter Strafe gestellt wurden.

Das Zentralorgan der SED »Neues Deutschland« kommentierte das novellierte Paßgesetz mit den Worten: »Wir machen keinen Hehl daraus, daß unser Staat im Interesse des Schutzes unserer Menschen vor den Anschlägen von Agenten und anderen Subjekten eine strenge Regelung des Grenzübertrittes braucht und Grenzverletzer zur Rechenschaft zieht.« Zwar enthielt bereits Paragraph 8 des Paßgesetzes in der Fassung von 1954 eine Strafandrohung bei »ungenehmigtem Grenzübertritt«, sie bezog sich jedoch ausdrücklich auf Übertritte in das Ausland. Da auch die SED zu dieser Zeit die Bundesrepublik und Westberlin nicht als Ausland verstand, war diese Strafrechtsnorm im Kampf gegen die »Republikflucht« unwirksam. Das hielt die DDR-Machthaber allerdings auch vor 1958 nicht davon ab, strafrechtlich gegen DDR-Flüchtlinge vorzugehen, etwa über den Umweg des Wirtschaftsstrafrechts, indem die illegale Ausfuhr von Geld oder Waren geahndet wur-

Sektorenübergang in Berlin, Brunnenstraße, vor 1961

MfS-Bericht zur Entwicklung der »Republikfluchten« (BStU, ZA, ZAIG 72, Bl. 13)

Berlin, den 30.7.1958

BStU
000013

Republikflucht

Die illegale Abwanderung von Bürgern der DDR nach Westberlin und Westdeutschland zeigt seit Anfang des Jahres folgendes Bild:

Januar	22.296	illegale Abwanderungen (enthält Nachmeldungen aus dem Vorjahr)
Februar	12.678	illegale Abwanderungen
März	11.154	" "
April	13.550	" "
Mai	11.547	" "
Juni	14.090	" "
Gesamt:	85.315	illegale Abwanderungen

Dazu ist zu bemerken, dass die monatlichen Republikfluchtzahlen seit Mitte 1955 kaum unter 20.000 lagen und daher das Absinken der illegalen Abwanderungen seit Februar 1958 mit als ein Erfolg der Anwendung des Paßgesetzes zu werten ist. Bedenklich ist jedoch die seit dieser Zeit eingetretene Stagnation im weiteren Rückgang der Republikfluchten, die teilweise Tendenz zu einem erneuten Ansteigen und besonders die erhöhte Republikflucht von Angehörigen der Intelligenz im I. Halbjahr 1958.
Dabei handelt es sich vor allem um Wissenschaftler, Ärzte, Lehrer, Ingenieure, Techniker und Chemiker.

Ein starkes Ansteigen der Republikflucht ist auch bei Oberschülern und Studenten festzustellen.

In den ersten 6 Monaten verliessen
93 Wissenschaftler, 582 Ingenieure, 95 Techniker,
36 Chemiker , 517 Ärzte die DDR.
Die Gesamtzahl der republikflüchtigen Lehrer beträgt in der gleichen Zeit 1.081, Oberschüler 1.098 und Studenten 847.

de. Bei angeblicher »Abwerbung« kam sogar der berüchtigte »Boykotthetze«-Artikel 6 der DDR-Verfassung aus dem Jahre 1949 zur Anwendung. In diesen Fällen wurden Verbindungen zu »feindlichen« westlichen Einrichtungen bzw. »Spionageorganisationen« festgestellt oder konstruiert. Diese Rechtspraxis konnte auf der Grundlage des ebenfalls im Dezember 1957 erlassenen Strafrechtsergänzungsgesetzes nahtlos fortgesetzt werden, das hierfür den Paragraphen 21 (»Verleitung zum Verlassen der Deutschen Demokratischen Republik«) bereithielt.

Ein Strafurteil gegen Fluchtwillige

Die Angeklagten werden wegen Vorbereitung des illegalen Verlassens der Deutschen Demokratischen Republik (Vergehen nach § 8 Abs. 1 und 3 des Paßgesetzes in seiner Fassung vom 11.12.1957) zu einer Gefängnisstrafe von je 6 Monaten verurteilt.
Die erlittene Untersuchungshaft wird den beiden Angeklagten auf die erkannte Strafe angerechnet. Das Urteil wird gem. § 7 StEG nach Rechtskraft in der nächsten Nummer der Betriebszeitung »Der Keramiker« des VEB Keramische Werke Hermsdorf mit einem wesentlichen Auszug auf Kosten der Angeklagten veröffentlicht. [...]
Beide Angeklagten hatten die Absicht, das Gebiet der Deutschen Demokratischen Republik zu verlassen. Zu diesem Zweck haben sie von Januar bis April 1960 8 bis 9 Pakete mit Wäsche, Bekleidung, Geschirr usw. an Verwandte und sonstige Bekannte nach Westdeutschland geschickt. Darüber hinaus wurden von den Angeklagten Einrichtungsgegenstände, wie ein Teppich, Radio und anderes mehr an dritte Personen verkauft. Der Angeklagte W. P. hat darüber hinaus sein erspartes Geld von seinem Bankkonto abgehoben, um für die Flucht ausreichend Geldmittel zu haben. Mit dem zu Hause bereitliegenden Betrag von DM 1000 war es eine Summe von DM 1500. [...]
Der Staatsanwalt beantragt gegen die beiden Angeklagten eine Gefängnisstrafe von je 6 Monaten unter Anrechnung der erlittenen Untersuchungshaft. Weiter ist das Urteil nach § 7 StEG mit einem Auszug aus seinen Gründen in der Betriebszeitung »Der Keramiker« des VEB Keramische Werke Hermsdorf auf Kosten der Angeklagten zu veröffentlichen.

Aus einem Urteil des Kreisgerichts Stadtroda vom 13. Mai 1960 (zit. nach Unrecht als System IV, S. 134 f.)

Von 1958 bis zum Sommer 1961 wurden wegen Grenzverletzungen über 23 000 Ermittlungsverfahren eingeleitet, darunter allein 10 000 im Jahr 1958. Eine Statistik des Ministeriums für Justiz weist für die Zeit vom 1. Januar bis 30. September 1960 knapp 5700 Ermittlungsverfahren wegen «Republikflucht« aus. Das bedeutet, daß hundert gelungenen Fluchten etwa 3 bis 4 Fälle gegenüberstehen, bei denen der Fluchtversuch mit einem Strafverfahren endete. Die Bilanz der Urteile sah dabei folgendermaßen aus: zwei Zuchthausstrafen, rund 2100 Gefängnisstrafen, 1100 Verurteilungen auf Bewährung, 120 Geldstrafen, 250 Erziehungsmaßnahmen (bei Jugendlichen) und knapp 150 Öffentliche Tadel. In den Jahren 1958 bis 1960 fungierte die Staatssicherheit in nur insgesamt 700 Fluchtfällen als Untersuchungsorgan – das dürften aus der Sicht des Regimes die schwerwiegenderen gewesen sein. Das Gros der Fälle fiel in die Ermittlungszuständigkeit der Volkspolizei.

Ab 1958 ging die DDR dazu über, die Ausgabe von Interzonenpässen stark einzuschränken, was dazu führte, daß die »Verbleiber«, also Personen, die von einer genehmigten Reise nicht zurückkehrten, deutlich zurückgingen. Bis 1957 hatten sie etwa die Hälfte aller Flüchtlinge ausgemacht. 1958 sank ihr Anteil auf knapp ein Drittel und 1960 auf rund 15 Prozent. Hingegen nahm die Anziehungskraft des »Grenzlochs« Berlin zu. Im Jahre 1960 gelangten Dreiviertel aller Flüchtlinge auf diesem Wege in den Westen. Im November dieses Jahres wurde im Notaufnahmelager Berlin-Marienfelde der eineinhalbmillionste Flüchtling registriert.

In Berichten des MfS, die sich mit der Fluchtbewegung befaßten, wurde ab 1958 – einem vorgegebenen pseudoanalytischen Ritual folgend – die »ideologische Diversion« des Westens als Hauptursache genannt. Gemeint war eine angeblich zielgerichtete westliche Destabilisierungsstrategie gegen die DDR und das »sozialistische Lager« insgesamt. Begünstigt würde diese »ideologische Diversion« durch die Situation im geteilten Deutschland mit den teilweise offenen Grenzen und den vielfältigen familiären und anderen persönlichen Bindungen. Ungeachtet dieser ideologisch vorgegebenen Grundannahme war die Staatssicherheit jedoch durchaus auch in der Lage, »hausgemachte« Ursachen für die Fluchtbewegung in begrenztem Umfang wahrzunehmen. Sie beklagte etwa, daß Partei- und Kaderleitungen in Betrieben und Einrichtungen zu wenig über die Kollegen wüßten und Staatsfunktionäre teilweise überspitzt mit den Bürgern umgingen.

Gegenläufig zur allgemeinen Tendenz stiegen im Jahr 1958 die Fluchtzahlen in den Kreisen der Intelligenz. Bei Oberschülern, Studenten und Akademikern machte sich die von der SED seit dem Vorjahr massiv betriebene Einengung der intellektuellen Spielräume bemerkbar. Ulbricht hatte aus den revolutionären Ereignissen des Jahres 1956 in Ungarn die Konsequenz gezogen, jede ideologische »Aufweichung« schon im Keim zu erstikken. Dies äußerte sich unter anderem in einer Repressionswelle gegen »revisionistische« Intellektuelle, die in den Jahren 1957/58 teilweise verhaftet und wegen »Staatsverrats« zu hohen Zuchthausstrafen verurteilt wurden. Gleichzeitig setzte ein verstärkter Kampf des Regimes gegen die »bürgerliche Ideologie« ein.

Zu den Ursachen der »Republikflucht« bei Lehrern

Die Hauptursache der illegalen Abwanderung bei Lehrern ist die Ablehnung der sozialistischen Erziehungsarbeit und der damit verbundenen Konsequenzen.

Ein großer Teil der Lehrkräfte unterliegt starken konfessionellen Bindungen und versucht, auf Grund seiner politisch schwankenden Haltung einer klaren Parteinahme für den Sozialismus aus dem Wege zu gehen.

Von diesen Kräften wird der Charakter der Schule als Instrument der sozialistischen Bewußtseinsbildung abgelehnt und die Meinung vertreten, daß sich die Schule nur der Bildungs- und Erziehungsarbeit im »allgemein-menschlichen Sinne« widmen solle.

Eine eingehende Analyse der Ursachen der Republikflucht von Lehrern für den Zeitraum von drei Monaten (Juni bis August) im Bezirk Rostock ergab, daß von 56 republikflüchtigen Lehrern allein 40 die DDR verließen, weil sie auf Grund ihrer religiösen Ansichten in Widerspruch zu den Aufgaben der sozialistischen Umgestaltung der Schule gerieten und nicht damit einverstanden waren.

Aus einem Bericht des MfS vom 10. November 1958 (BStU, ZA, ZAIG 139, Bl. 1)

Propagandaplakat zum Abschluß der Kollektivierung, März 1960

Die 3. Hochschulkonferenz der SED leitete Anfang 1958 einen Ideologisierungsschub in der universitären Bildung ein. Das gesamte Erziehungssystem wurde auf das Ziel ausgerichtet, eine neue »sozialistische Intelligenz« zu schaffen. Dem entsprach auch eine Verschärfung des Kampfes gegen den kirchlichen Einfluß vor allem im Jugendbereich; der Anteil der Jugendlichen, die sich der Jugendweihe unterzogen, schnellte unter dem Einfluß einer mit verschiedenen Zwangsmaßnahmen begleiteten Kampagne von 44 Prozent im Jahr 1958 auf 80 Prozent im Folgejahr.

Der Hallenser Historiker Hans Haussherr zu den Gründen seiner Flucht im November 1958

Die Gründe [...] liegen durchaus bei der Universität, an der Einschränkung meiner Lehrtätigkeit bis nahe an den Nullpunkt und an den äußerst scharfen Angriffen von maßgebender Parteiseite auf meine Veröffentlichungen, an der Unmöglichkeit, andere als ganz kleine Arbeiten drucken zu lassen. Wenn noch ein Zweifel geblieben wäre, so haben die Perspektivpläne gezeigt, welche Perspektive ein nichtmarxistischer Historiker in der DDR noch hat.

Aus einem Brief an den Rektor der Martin-Luther-Universität Halle, Leo Stern (zit. nach Kowalczuk: Legitimation, S. 301)

Vor dem Dammbruch

Hoffnungen auf eine längerfristige wirtschaftliche Aufwärtsentwicklung, die durch die Abschaffung der Lebensmittelkarten und die Verbesserung der allgemeinen Versorgungslage genährt wurden, führten im Jahre 1959 zunächst zu einem weiteren deutlichen Rückgang der Flüchtlingszahlen. Die vollständige Kollektivierung der Landwirtschaft, die in den ersten Monaten des Jahres 1960 von den SED-Funktionären mit Zwangsmaßnahmen aller Art förmlich durchgepeitscht wurde, bewirkte jedoch wiederum eine Trendwende. Sie bestätigte abermals den Willen der SED, die soziale Umgestaltung mit diktatorischen Methoden durchzusetzen und bewirkte zudem Versorgungsprobleme im Nahrungsmittelsektor. Auch der private Einzelhandel und das private Handwerk waren 1960 einem verstärkten Sozialisierungsdruck ausgesetzt, was zu sozialer Unzufriedenheit und wirtschaftlichen Defiziten führte.

Hinzu kam die Politik der sogenannten »Störfreimachung« nach der Kündigung des Interzonenhandelsabkommens durch die Bundesrepublik (vgl. Kapitel 1), die die DDR-Wirtschaft von den westdeutschen Importen unabhängig machen sollte, aber kurzfristig nur weitere ökonomische Probleme schuf. Das alles gab der Fluchtbewegung 1960 neuen Auftrieb, fast 200 000 verließen in diesem Jahr die DDR.

Die SED-Führung versuchte mit einer differenzierten Politik gegenzusteuern. In einer am 4. Oktober 1960 abgegebenen »Programmatischen Erklärung« räumte Ulbricht ein Spannungsverhältnis zwischen der Bevölkerung und dem kommunistischen Funktionärsapparat ein. Er sprach von der »Umerziehung der Menschen« als einer »komplizierten« und noch immer »ungelösten« Aufgabe. Es werde noch »zu sehr kommandiert, abgewiesen, anderen über den Mund gefahren, rechthaberisch aufgetreten und bevormundet«. »Sektiererisches Verhalten« stoße besonders Angehörige der Intelligenz vor den Kopf.

Mit dieser Initiative reagierte die SED-Führung auf stark gestiegene Flüchtlingszahlen aus Intelligenzkreisen. Aus Sorge, der DDR könne durch Abwanderung von hochqualifizierten Kräften erheblicher Schaden entstehen, hatte die SED Angehörigen der Intelligenz schon immer Privilegien eingeräumt, etwa bei der Beschaffung von Wohnraum, hochwertigen Gütern und Urlaubsplätzen sowie bei Westreisen, was in anderen Teilen der Bevölkerung und teilweise auch bei Funktionären Unmut hervorrief.

Nachdem die Tendenzwende im Frühjahr 1960 erkennbar geworden war, wurde das gesamte MfS auf die Bekämpfung der Fluchtbewegung ausgerichtet. Eine Anweisung Mielkes vom 4. Mai legte fest, daß »die politisch-operative Arbeit aller Linien der Abwehr und Aufklärung« diesem Ziel zu dienen habe. Das bedeutete zugleich, daß das gesamte Netz der inoffiziellen Mitarbeiter neben »speziellen Aufgaben« auf die Fluchtbekämpfung gerichtet werden sollte. In jeder Bezirksverwaltung und Kreisdienststelle war für diese Aufgabe ein federführender Mitarbeiter vor-

Triumph sozialistischer Gemeinschaftsarbeit 1960

Berlin (ND). Das zu Ende gehende Jahr 1960 hat die Feststellung in der Programmatischen Erklärung des Staatsrates, daß die Gemeinschaftsarbeit heute zum bestimmenden Faktor in den Beziehungen zwischen den Menschen unserer Republik geworden ist, tausendfach bestätigt. So hat eine Arbeitsgemeinschaft des Instituts für Fertigungstechnik der Technischen Hochschule Dresden gemeinsam mit dem volkseigenen Nadelwerk Ichtershausen die Möglichkeit geschaffen, Nadeln mit einem kleineren Durchmesser als 0,6 mm auch bei uns zu produzieren. Bisher wurden solche Nadeln aus Westdeutschland bezogen.

Zeichnung: Bohnke

Nun hat sich die Arbeitsgemeinschaft vorgenommen, die Produktion von Rippenrohren für Großtransformatoren, die ebenfalls aus Westdeutschland bezogen wurden, bei uns zu ermöglichen. „Wir werden alles daransetzen", sagte das Mitglied der Arbeitsgemeinschaft Ingenieur Petersohn, „unsere Republik vor Störversuchen zu sichern."

Erfolg zweier Chemieinstitute

Berlin (ADN). Neue, hochwirksame Silbersilicat-Katalysatoren entwickelte das Institut für Anorganische Chemie der Deutschen Akademie der Wissenschaften in Gemeinschaftsarbeit mit dem Institut für Anorganische Katalyseforschung nach einer Diskussion zwischen den beiden Direktoren Prof. Dr. Thilo und Prof. Dr. Rienäcker. Die Institute haben jetzt Forschungsverträge mit der Farbenfabrik Wolfen abgeschlossen, um die Neuentwicklung so schnell wie möglich volkswirtschaftlich nutzbar zu machen.

Katalysatoren werden in der chemischen Großproduktion, z. B. bei der Herstellung von Treibstoffen, Ammoniak, Schwefelsäure und Salpetersäure, benötigt. Die neuentwickelten Silbersilicate beschleunigen einige Reaktionen sehr viel stärker als bisher übliche Katalysatoren.

Auf eigenen Temperguß umgestellt

Ueckermünde (ND). Eine sozialistische Arbeitsgemeinschaft der Vereinigten Ueckermünder Gießereien hat ihre Betriebe von westdeutschen Tempererz- und Roheisenlieferungen unabhängig gemacht. Nach erfolgreichen Versuchen wurde schwarzer Temperguß von guter Qualität entwickelt, der bessere mechanische Werte aufweist als der Temperguß, der mit westdeutschen Grundmaterialien hergestellt wurde.

Westdeutsche Qualität übertroffen

Halle (ND). Wie Herr Dr. Hans-Joachim Koch, Betriebsleiter des Mangan-Sonderproduktionsbetriebes des Elektrochemischen Kombinats Bitterfeld mitteilt, wird jetzt Mangan-Karbonat in ausreichender Menge in eigener Produktion hergestellt. Es handelt sich dabei um ein wichtiges Ausgangsprodukt für die Herstellung von Ferriterzeugnissen, die in der Rundfunk- und Elektroindustrie Verwendung finden.

Bisher war es notwendig, Mangan-Karbonat zusätzlich aus Westdeutschland zu importieren. Einer sozialistischen Arbeitsgemeinschaft ist es gelungen, Mangan-Karbonat herzustellen, das die Qualität des westdeutschen Materials nicht nur erreicht, sondern bei weitem übertrifft. Dr. Koch schreibt: „Wir fühlten uns verpflichtet, in sozialistischer Gemeinschaftsarbeit zwischen der Intelligenz und den Arbeitern sofort die Ausfälle der westdeutschen Lieferungen durch eigene Produktion zu ersetzen. Ab 1. Januar werden wir die volle Menge des geforderten Mangan-Karbonats selbst produzieren."

»Neues Deutschland« vom 30. Dezember 1960 feiert die angeblichen Erfolge der »Störfreimachung«

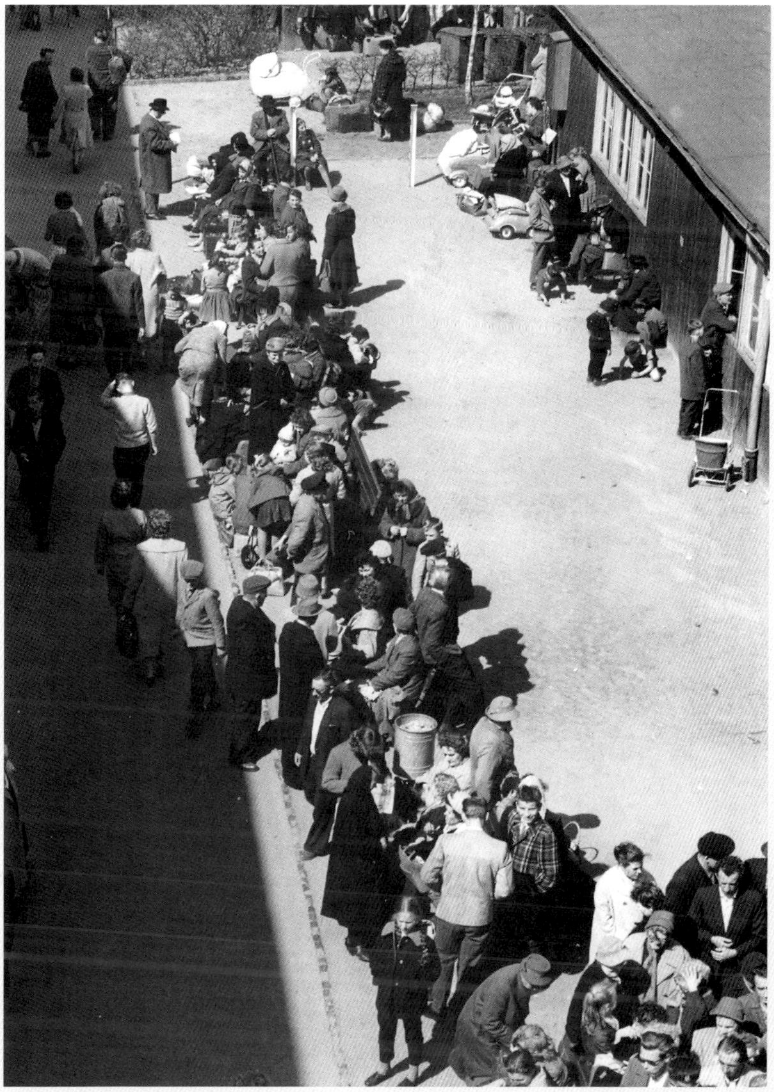

Flüchtlingslager in Berlin-Marienfelde, April 1960

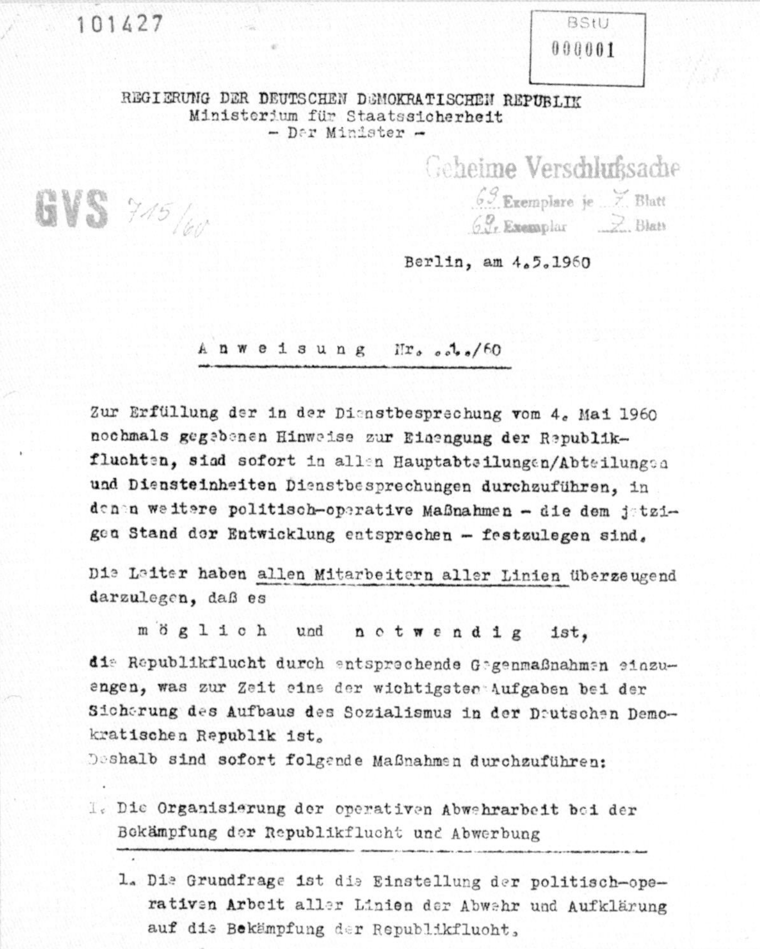

101427

BStU 000001

REGIERUNG DER DEUTSCHEN DEMOKRATISCHEN REPUBLIK
Ministerium für Staatssicherheit
– Der Minister –

Geheime Verschlußsache

GVS 715/60

69 Exemplare je 7 Blatt
69. Exemplar 7 Blatt

Berlin, am 4.5.1960

Anweisung Nr. 1./60

Zur Erfüllung der in der Dienstbesprechung vom 4. Mai 1960 nochmals gegebenen Hinweise zur Einengung der Republikfluchten, sind sofort in allen Hauptabteilungen/Abteilungen und Diensteinheiten Dienstbesprechungen durchzuführen, in denen weitere politisch-operative Maßnahmen – die dem jetzigen Stand der Entwicklung entsprechen – festzulegen sind.

Die Leiter haben allen Mitarbeitern aller Linien überzeugend darzulegen, daß es

möglich und notwendig ist,

die Republikflucht durch entsprechende Gegenmaßnahmen einzuengen, was zur Zeit eine der wichtigsten Aufgaben bei der Sicherung des Aufbaus des Sozialismus in der Deutschen Demokratischen Republik ist.
Deshalb sind sofort folgende Maßnahmen durchzuführen:

I. Die Organisierung der operativen Abwehrarbeit bei der Bekämpfung der Republikflucht und Abwerbung

1. Die Grundfrage ist die Einstellung der politisch-operativen Arbeit aller Linien der Abwehr und Aufklärung auf die Bekämpfung der Republikflucht,

Befehl Mielkes zur Ausrichtung des gesamten MfS auf die Bekämpfung der »Republikflucht« (BStU, ZA, BdL-Dok. 3499)

Aus der »Tarantel« Nr. 121, August 1961 (Bibliothek der Stiftung zur Aufarbeitung der SED-Diktatur)

gesehen. Offenbar maß man inzwischen dem DDR-Binnenproblem eine größere Bedeutung als Ursache der »Republikflucht« zu, denn die Westarbeit verlor deutlich an Gewicht. Im Vordergrund stand jetzt die Arbeit vor Ort.

Die Staatssicherheit wird auf die Bekämpfung der Fluchtbewegung ausgerichtet

[...]

5. In Schwerpunkten sind je nach Erfordernis auch inoffizielle Mitarbeiter für die Absicherung gegen Republikfluchten zu schaffen. Die Arbeit mit den inoffiziellen Mitarbeitern muß darauf ausgerichtet sein, Abwerber, geplante Fluchten, Mängel und Mißstände, die zur Unzufriedenheit führen können, sowie deren Ursachen und ideologische Unklarheiten festzustellen und zu bearbeiten.
6. Kontrolle aller Verbindungen und Kontakte nach Westberlin, Westdeutschland und dem westlichen Ausland sowie von da in das Objekt. Überwachung aller Personen des Objektes, mit denen politisch-ideologische Auseinandersetzungen geführt wurden oder wo disziplinarische Maßnahmen bzw. Straf- oder Parteiverfahren laufen bzw. durchgeführt worden sind.
7. In Verbindung mit Partei und Staatsapparat sind Fehler und Mängel sowie Hemmnisse und sonstige Erscheinungen, die vom Gegner für die politisch-ideologische Vorbereitung und Organisierung der Republikflucht und Abwerbung ausgenutzt werden, zu beseitigen.
8. Jeder Hinweis auf ein illegales Verlassen unserer Republik ist zu beachten und [ihm] nachzugehen. Es sind mit Partei, Staatsapparat und anderen Stellen entsprechende Maßnahmen einzuleiten, um diese Personen zu überzeugen, daß sie die Deutsche Demokratische Republik nicht verlassen. In Fällen, wo durch Überzeugung kein Erfolg zu erwarten ist, sind Maßnahmen einzuleiten zur Überwachung der Person, um die nach unserem Paßgesetz geltenden strafrechtlichen Bestimmungen in Anwendung zu bringen.

Aus der Anweisung 1/60 des Ministers für Staatssicherheit vom 4. Mai 1960 (BStU, ZA, BdL-Dok. 3499)

Es kam zu einer engen Zusammenarbeit zwischen Parteistellen und der Staatssicherheit sowie den verschiedenen Polizeiorganen (Volkspolizei, Transportpolizei, Grenzpolizei, Zollkontrolle), um potentielle Flüchtlinge möglichst frühzeitig zu identifizieren. Durch Überwachung aller Lebensbereiche sollten Fluchtabsichten und deren Realisierung in allen Stadien erkannt und vereitelt werden. Schwerpunkt der Kontrollen bildeten die Zufahrtswege nach Berlin und der Ring um die Viersektorenstadt. Beobachtet wurden Fahrkartenschalter, Haltestellen von Buslinien, »bezirksfremde« Fahrzeuge, Kfz-Abstellplätze mit S-Bahnverbindungen nach Westberlin und die Fernzüge nach Berlin.

Maßnahmen der Volkspolizei gegen die »Republikflucht«

Die speziellen Maßnahmen der V[olks]P[olizei] erstrecken sich hauptsächlich auf eine bessere Durchführung der Kontrolltätigkeit, der Fahndung und der Beschaffung von Informationen.
So werden z. B. verstärkt von [der Abteilung] V[erkehrs]K[ontrolle] und Mot[orisierten] Kom[mandos] die Fernverkehrsstraßen und Zufahrtsstraßen in Richtung Berlin kontrolliert, Einzelfahrten und Gesellschaftsfahrten nach Berlin bzw. in die Randgebiete Berlins (Potsdam, Werder) aufgeklärt und zu diesem Zweck für Verkehrsgesellschaften, Reisebüros, Fuhrunternehmer, Taxigenossenschaften usw. ein Meldesystem durch die Abteilung E geschaffen. Allen größeren Verkaufsangeboten und Verkäufen wird nachgegangen.
Durch die Abteilung P[aß- und]M[eldewesen] werden alle abgelehnten Anträge auf Westreisen an die K[riminalpolizei] gemeldet, desgleichen Genehmigungen für Angehörige von Kreisen der Intelligenz.
Der Verwandten- und Bekanntenkreis flüchtiger Personen wird unter operative Kontrolle genommen, um ein Nachziehen dieser Personen zu verhindern.
Zur Aufdeckung von Republikfluchten werden das gesamte Netz der freiwilligen Helfer der A[bschnitts]B[e]V[ollmächtigten], die I[noffiziellen]M[itarbeiter] der Abteilung K[riminalpolizei] und alle sonstigen Informationsquellen eingeschaltet.

Aus einem Schreiben des Ministers für Staatssicherheit vom 7. Juli 1960 »Politisch-operative Maßnahmen und Erfahrungen zur Einschränkung und Verhinderung von Republikfluchten« (BStU, ZA, BdL-Dok. 3493)

Die Sicherheitsorgane fanden heraus, daß fluchtwillige DDR-Bürger gezielt Urlaubsziele wählten, die die Anreise über Berlin oder Potsdam erforderlich machten. Der Reisescheck des FDGB legalisierte die Route und erwies sich gleichsam als »Fluchtvisum«. Vor diesem Hintergrund wurden im MfS Überlegungen angestellt, Reisezüge um Berlin herumzuleiten.

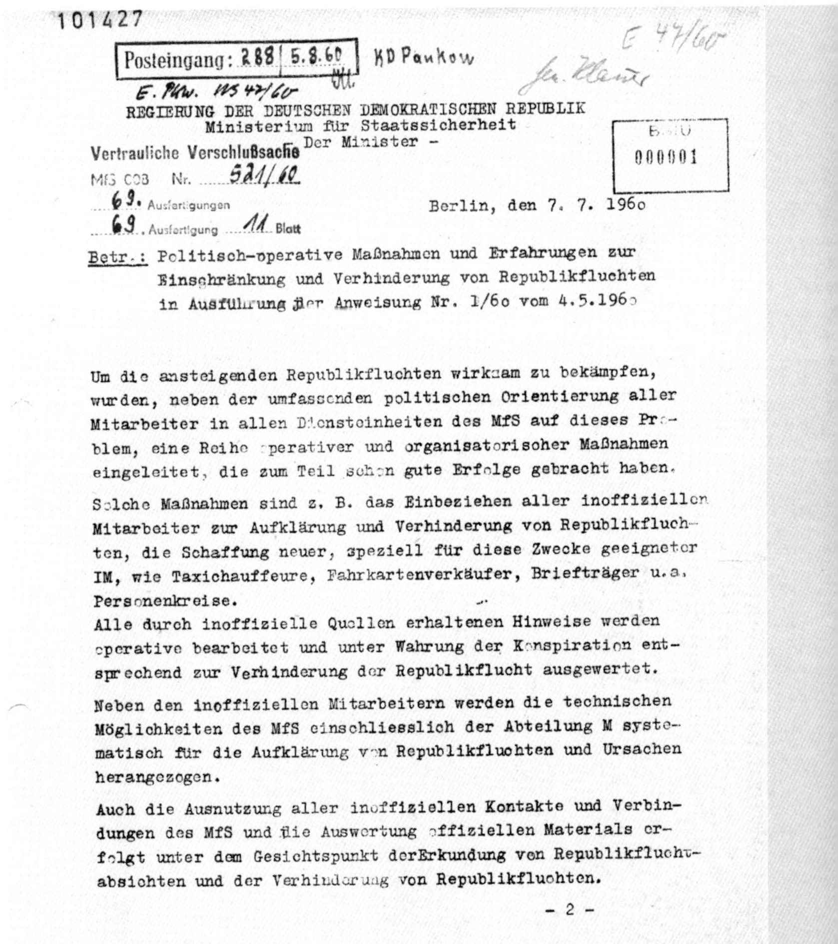
101427

Posteingang: 288 | 5.8.60 KD Pankow

E 47/60

E. Pkw. 115 47/60

REGIERUNG DER DEUTSCHEN DEMOKRATISCHEN REPUBLIK
Ministerium für Staatssicherheit
- Der Minister -

BStU
000001

Vertrauliche Verschlußsache
MfS C03 Nr. 521/60
69. Ausfertigungen
69. Ausfertigung 11 Blatt

Berlin, den 7. 7. 1960

Betr.: Politisch-operative Maßnahmen und Erfahrungen zur Einschränkung und Verhinderung von Republikfluchten in Ausführung der Anweisung Nr. 1/60 vom 4.5.1960

Um die ansteigenden Republikfluchten wirksam zu bekämpfen, wurden, neben der umfassenden politischen Orientierung aller Mitarbeiter in allen Diensteinheiten des MfS auf dieses Problem, eine Reihe operativer und organisatorischer Maßnahmen eingeleitet, die zum Teil schon gute Erfolge gebracht haben.

Solche Maßnahmen sind z. B. das Einbeziehen aller inoffiziellen Mitarbeiter zur Aufklärung und Verhinderung von Republikfluchten, die Schaffung neuer, speziell für diese Zwecke geeigneter IM, wie Taxichauffeure, Fahrkartenverkäufer, Briefträger u.a. Personenkreise.
Alle durch inoffizielle Quellen erhaltenen Hinweise werden operative bearbeitet und unter Wahrung der Konspiration entsprechend zur Verhinderung der Republikflucht ausgewertet.

Neben den inoffiziellen Mitarbeitern werden die technischen Möglichkeiten des MfS einschliesslich der Abteilung M systematisch für die Aufklärung von Republikfluchten und Ursachen herangezogen.

Auch die Ausnutzung aller inoffiziellen Kontakte und Verbindungen des MfS und die Auswertung offiziellen Materials erfolgt unter dem Gesichtspunkt der Erkundung von Republikfluchtabsichten und der Verhinderung von Republikfluchten.

- 2 -

Bericht Mielkes
über den Stand der Fluchtbekämpfung
(BStU, ZA, BdL-Dok. 3493)

Die konzertierten Maßnahmen des Staates waren nicht wirkungslos. Für den Zeitraum vom 24. Mai bis zum 22. Juni 1960 meldeten die Sicherheitsorgane 4404 Personen, die als Flüchtlinge »gestellt und zurückgehalten« worden waren. Am erfolgreichsten war dabei die Transportpolizei: Fast die Hälfte der Gestellten ging auf ihr Konto. Die Volkspolizei und der Zoll waren mit jeweils knapp einem Fünftel und die Grenzpolizei mit anteilig 12 Prozent beteiligt. Hinzu kamen in diesem Zeitraum 992 erkannte »Vorbereitungshandlungen«. Die Staatssicherheit beanspruchte, durch die direkte Beteiligung ihrer operativen Mitarbeiter an Kontrollen in D-Zügen nach Berlin zu diesen Ergebnissen beigetragen zu haben. Außerdem meldeten die »Tschekisten« Erfolge im Zusammenhang mit der verstärkten Postkontrolle, deren Resultate Ausgangspunkt für zahlreiche Aussprachen mit fluchtwilligen Bürgern gewesen seien. Die meisten dieser Personen hätten ihr Vorhaben danach (vorerst) nicht realisiert. Viele der aufgegriffenen Fluchtwilligen ließen sich jedoch trotz des Entzuges des Personalausweises nicht davon abhalten, ihre Absicht doch noch in die Tat umzusetzen. Auch die Kontrolle verdächtiger Geldbewegungen führte häufig nicht zum erwünschten Ziel, weil der Zeitverzug zwischen der Auflösung eines Kontos oder einer größeren Geldabhebung bis zur Mitteilung an die »Sicherheitsorgane« häufig so groß war, daß die betreffende Person in der Zwischenzeit schon das Land verlassen hatte.

Erhebliche Sicherheitslücken gab es in dieser Zeit auch an der »Grünen Grenze« zur Bundesrepublik. In den ländlichen Grenzregionen war die Stimmung 1960 aufgrund der mit rabiaten Methoden durchgeführten Kollektivierung auf dem Tiefpunkt. Ganzen Bauernfamilien gelang – trotz Sperrzonenregelung – die Überwindung der Grenzanlagen in dieser Zeit buchstäblich mit »Sack und Pack«. Das Spitzelsystem im Grenzgebiet war in dieser Zeit nur begrenzt effizient.

Entwicklung der Fluchten aus der DDR 1950-1961

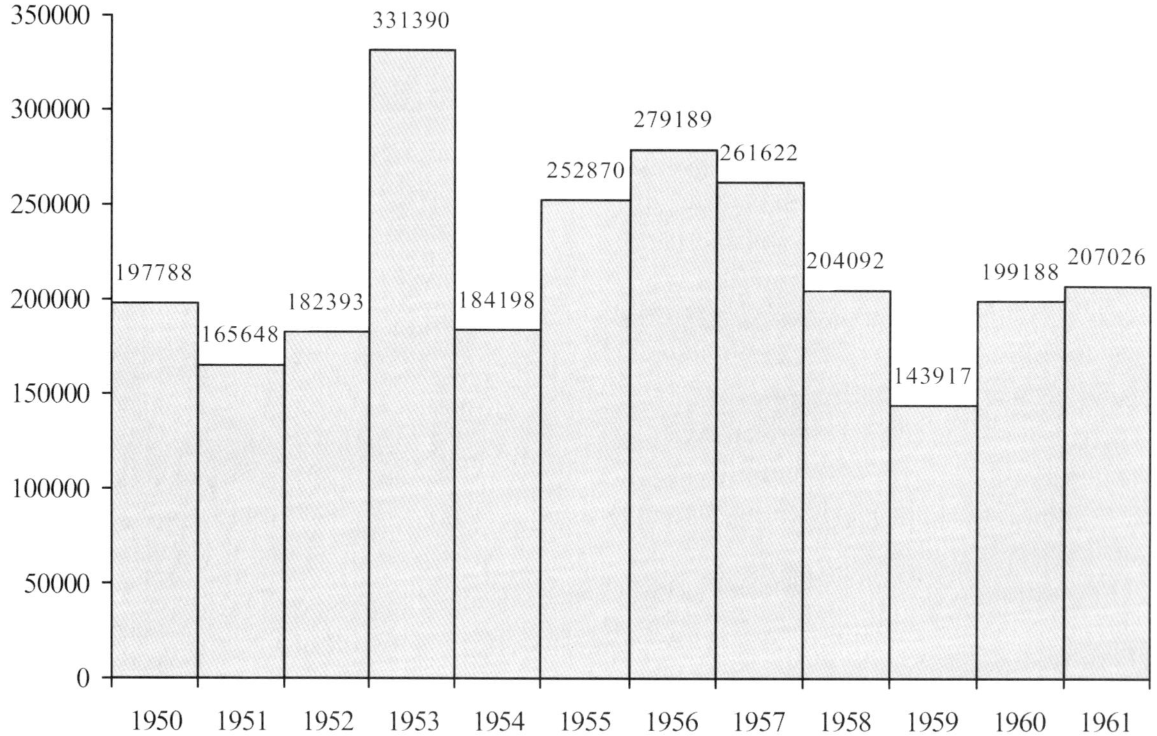

Quelle: DDR-Handbuch, Bd. 1, S. 419

Drei Bauernfamilien fliehen über die Westgrenze

Am 21. Juli 1960 erfolgte um 11.00 Uhr ein schwerer Grenzdurchbruch im Kompaniebereich der Grenzkompanie Gehrendorf. Diesen Grenzdurchbruch führten die Familie K., E. mit Frau und Tochter, K., H. mit Frau und Tochter und G. mit Frau und Sohn durch.
Bei diesem Grenzdurchbruch führten sie 3 gummibereifte Pferdefuhrwerke, 12 Pferde einschließlich Fohlen, 25 Rinder, davon 19 Milchkühe, ein Krad, ein Moped und zwei Fahrräder mit sich. Alle drei Familien arbeiteten in der LPG Typ I und waren mit noch einer Familie in einer Brigade tätig. G., R. selbst war Vorsitzender der LPG Typ I [...]
Alle drei Genannten sowie die übrigen Mitglieder der LPG Typ I schlossen sich im März 1960 zu einer LPG zusammen. Bis dahin waren alle wirtschaftlich starke Mittelbauern. Bis zum Eintritt in die LPG nahmen sie alle Vergünstigungen und Vorteile vom Arbeiter- und Bauernstaat in Anspruch. Nachdem sie sich in der Genossenschaft zusammengeschlossen hatten, wurde ihre negative Einstellung zur genossenschaftlichen Entwicklung offensichtlich. Das kam in solchen Diskussionen von G. zum Ausdruck., der Plan ist zu hoch, jetzt geht es mir viel schlechter als früher als werkt. Bauer, oder, ich bin ja nur gezwungenermaßen in die LPG eingetreten. Diese feindlichen und negativen Diskussionen, uns teilweise durch IM bekannt, wurden aber nicht richtig politisch-operativ eingeschätzt.
Bei der Untersuchung des Grenzdurchbruches wurde erarbeitet, daß dieser gut organisiert und von langer Hand vorbereitet war.[...]
Alle drei Familien legten schon Wochen vorher ihr Vieh in eine Herde zusammen und brachten dieses auf ihre Weide unmittelbar am K 10. Am Tage des Grenzdurchbruches war dieser Bereich, wo der Grenzdruchbruch erfolgte, von der Grenzpolizei für Arbeiten freigegeben. [...]
Um 9.30 Uhr erschien ein Kastenwagen mit Stalldung. Der Gespannführer lud den Stalldung in

Interner Bericht der Zentralen Informationsgruppe des MfS (BStU, ZA, ZAIG 335, Bl. 1)

BStU
000001

Ablage
429 60

Verteiler
1 Expl. Gen. Minister
2. " " Beater
4. " Ablage
3. Reserve

2.6.60
4 Expl.
4. Bl.
4. Expl.

schwere Grenzdurchbrüche an der Staatsgrenze West in der Zeit
von April – Mai 1960

- -

In den Monaten April und Mai 1960 wurden an der Staatsgrenze West der DDR 21 schwere Grenzdurchbrüche bekannt, die zur Republikflucht von insgesamt 69 Personen führten. Dabei handelt es sich fast ausschließlich um LPG-Bauern mit ihren Familien. Allein in der Zeit vom 5. – 11.5.60 erfolgten 14 Grenzdurchbrüche mit 26 Personen.

Die Grenzdurchbrüche erfolgten mit folgenden Fahrzeugen und unter Mitnahme von Vieh und teilweise umfangreichen Hausratsgegenständen:

3 Pkw
1 Motorschiff
2 Traktoren
7 Motorräder
13 Pferde und 1 Fohlen
19 Kühe und 1 Färse
9 Ackerwagen
3 Gummiwagen
2 Hänger

der Nähe der Posten auf einem abgeernteten Roggenfeld ab. Die gleichen Arbeiten wurden am Vortage am selben Ort verrichtet. Das leere Fahrzeug fuhr darauf wieder zuück nach Gehrendorf. Der Gespannführer war H. K., einer der Republikflüchtigen.
Gegen 11.00 Uhr kamen wieder zwei gummibereifte Fuhrwerke, beladen mit Stalldung, die sich aber nicht auf das Feld, wo der Dung lag, hinbewegten, sondern in entgegengesetzter Richtung über die Wiese und über den K 10 fuhren. Zur gleichen Zeit waren die Ehefrauen der Genannten auf der Koppel bei ihrem Vieh und trieben dieses gleichzeitig beim Überqueren der Fuhrwerke auch auf westdeutsches Gebiet. [...]
In einer Gesamtlänge von 1 000 Meter Grenzlinie waren in diesem Bereich ein Beobachtungsposten und eine Grenzstreife der Deutschen Grenzpolizei eingesetzt. Die Beobachtungsmöglichkeiten waren gegeben, um die Bewegungen an der unmittelbaren Grenzlinie zu erkennen. Bei richtigem taktischem Verhalten und Einhaltung des gegebenen Kampfbefehles konnte von beiden Postenarten der Grenzdurchbruch verhindert werden.
Diese Feststellung wird durch folgende Tatsache bestätigt: Der eingesetzte Streifenposten hat nicht ensprechend dem gegebenen Kampfbefehl gehandelt. Die Genossen nutzten nicht die vorhandenen Beobachtungsmögichkeiten bei der Streifentätigkeit. aus. Sie hielten sich liegend in einem kleinen Wald auf, ca. 300 Meter von der Durchbruchstelle, und bemerkten nichts von dem ganzen Grenzdurchbruch. Der Beobachtungsposten auf dem B-Turm bemerkte den Grenzdurchbruch, erreichte aber nicht mehr rechtzeitig auf Grund der Entfernung die Durchbruchstelle.

Aus einem Bericht der Kreisdienststelle Klötze des MfS vom 23. August 1960 (BStU, ZA, ZAIG 4893, Bl. 32–34)

Im Jahre 1960 hatten die Sicherheitsorgane nach einer Aufstellung der Staatssicherheit im Grenzgebiet insgesamt 1 955 inoffizielle Mitarbeiter. Das bedeutete im statistischen Durchschnitt etwa eineinhalb Informanten auf einen Kilometer Staatsgrenze. Aber selbst, wenn inoffizielle Mitarbeiter vor Ort vorhanden waren, bot das keine Gewähr für entsprechende Erkenntnisse des MfS. So klagte die für die Verbindung zu den Polizeistellen zuständige Abteilung VII des MfS, daß etwa im Grenzort Behringen - mit 600 Einwohnern - 14 vorbereitete Fluchten nicht bekannt wurden, obwohl dort theoretisch acht Spitzel zur Verfügung standen.

Im Frühjahr 1961 mobilisierte das MfS weitere Reserven gegen die Fluchtbewegung. Nunmehr wurden von den Kreisdienststellen bis hinauf in die Zentrale des MfS neben den operativen auch die technischen und administrativen Diensteinheiten in die Fluchtbekämpfung einbezogen. Die kritischen Töne Ulbrichts gegenüber dem Funktionärsapparat nahm das MfS nunmehr zum Anlaß, seine inoffiziellen Mitarbeiter auch an Stellen zu plazieren, wo Beschwerden zusammenliefen. Nicht jeden, dem die DDR perspektivlos erschien, so resümierte das MfS, dürfe man als »Feind« sehen und behandeln. Staats- und Wirtschaftsfunktionäre, die einen sorgsamen Umgang mit der Intelligenz vermissen ließen, sollten laut Empfehlung der Staatssicherheit persönlich zur Rechenschaft gezogen werden. In diesem Zusammenhang schlug sie sogar eine großzügigere Ausgabe von PM 12a-Ausweisen (Westreisegenehmigungen) vor.

Ebenfalls im Frühjahr 1961 begann das SED-Regime eine große Kampagne gegen angebliche »Menschenhändler«, deren Aktivitäten man für die Fluchtbewegung verantwortlich zu machen suchte. Fälle, bei denen tatsächlich Abwerbungen stattgefunden hatten, wurden groß herausgestellt. Je stärker der Flüchtlingsstrom anschwoll, um so intensiver wurden die strafrechtlichen Aktivitäten gegen angebliche »Kopfjäger«. Von Ende Juli bis zum 9. August 1961 kam es zu 19 einschlägigen Strafverfahren, bei denen 25 DDR-Bürger, zwei Westdeutsche und ein Westberliner zu insgesamt 69 Jahren Zuchthaus und 30 Jahren Gefängnis verurteilt wurden. Besonderes Aufsehen erregte dabei ein Schauprozeß, der vom 28. Juli bis 2. August 1961 vor dem Obersten Gericht der DDR stattfand. Als Begleitmusik entfal-

Flüchtlingslager Marienfelde, Juli 1961

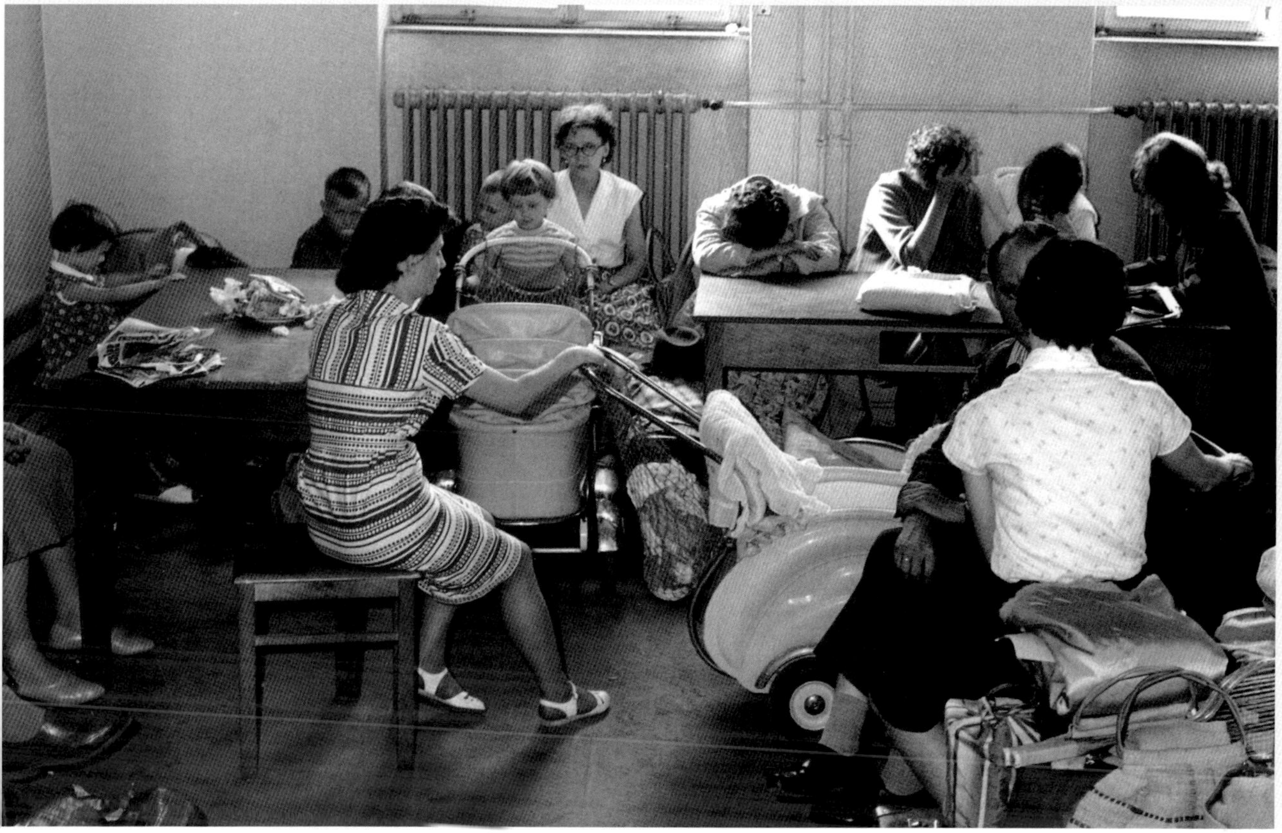

tete das Regime eine wüste Propaganda gegen die fünf Angeklagten. Das SED-Zentralorgan »Neues Deutschland« brandmarkte sie als »Helfershelfer der Bonner Ultras und Konzerne«. Zahlreiche Arbeitskollektive verabschiedeten auf Betreiben von Parteiagitatoren kämpferische Resolutionen. Das Urteil war drakonisch: Der Hauptangeklagte, ein Bauingenieur namens Hans Adamo, erhielt 15 Jahre Zuchthaus.

Gegen die »Menschenhändler«

Wir, die Kollegen des Heizkraftwerkes Pirna, Meisterbereich 75, haben mit Schande und Verachtung Kenntnis von den Machenschaften im Prozeß der Menschenhändler vor dem 1. Strafsenat des Obersten Gerichtes der Deutschen Demokratischen Republik vernommen.
Es zeigt uns die schmutzigen Dienste der Spionagezentralen und Konzerne in Westberlin, DDR-Bürger systematisch in die Fänge der Bonner Ultras zu treiben. Es wird hiermit eindeutig bewiesen, daß Westberlin als Menschenschleuse benutzt wird.
Ebenso wurde uns die Aufgabe der Menschenhändler und Spione bekannt, DDR-Bürger zur Republikflucht zu bewegen, den Aufbau des Sozialismus zu stören, somit Unfrieden zu stiften und das Vertrauen des Arbeiters zur Intelligenz zu unterbinden.
Wir fordern deshalb, den Friedensvertrag abzuschließen, Berlin eine Freie Stadt, frei von den Handlangern westdeutscher und ausländischer Spionagezentralen, frei in ihrer Selbstbestimmung als Insel des Friedens.
Wir fordern aber auch, die Angeklagten und deren Hintermännern die volle Härte des Gesetzes spüren zu lassen. Spione und Menschenhändler gehören nicht unter die Menschheit.

Aus der Resolution eines Arbeitskollektivs des Heizkraftwerks Pirna (BStU, ZA, AU 509/61, HA/GA, Bd. 10, Bl. 26)

Adamo-Schauprozeß vor dem Obersten Gericht der DDR, 28. Juli 1961

Begleitet wurde die Kampagne gegen den »Menschenhandel« durch gezielt ausgestreute Desinformationen des MfS, beispielsweise im Fall von geflüchteten Spitzensportlern und Trainern. Man versuchte, deren persönliche Integrität zu untergraben, um auf diese Weise im Westen ihre berufliche Integration zu verhindern.

Als die Fluchtbewegung im Juli 1961 dramatische Ausmaße annahm, erklärte Mielke ihre Bekämpfung zur »entscheidendsten Schwerpunktaufgabe« des MfS. »Um die komplexe Bearbeitung aller im Zusammenhang mit der Republikflucht stehenden Probleme und die lückenlose Koordinierung aller Maßnahmen zu gewährleisten«, beauftragte er den ehemaligen Leiter der Hochschule des MfS in Potsdam-Eiche, Oberst Gerhard Harnisch, mit einer permanenten Evaluierung der Situation und aller ergriffenen Maßnahmen. Im Zuständigkeitsbereich des stellvertretenden Ministers für Staatssicherheit, Bruno Beater, wurde zur Koordinierung aller Maßnahmen gegen die Fluchtbewegung eigens ein Büro der Leitung II unter der Leitung von Harnisch gebildet. Wahrscheinlich ahnte auch im MfS noch niemand richtig, was gut einen Monat später passieren sollte.

Das MfS mobilisiert alle nachrichtendienstlichen Ressourcen

[...]

5. Über Absichten und Methoden des Feindes bei Abwerbungen, Organisierung von Republikfluchten durch Beunruhigungen, sogenannte Warnungen und Drohungen usw. sowie schädliche Erscheinungen, die zur Republikflucht führen können, zum Beispiel durch Überspitzungen im Staatsapparat, Mißachtung der demokratischen Rechte der Bevölkerung, schlechte Arbeit der Beschwerdestellen usw. sind Meldungen und Berichte über die Zentrale Informationsgruppe des MfS an Gen. Oberst Harnisch weiterzuleiten

6. Bei der Analysierung der Vorbeugung sowie aller Maßnahmen zur Verhinderung von Republikfluchten sind die Berufsgruppen besonders zu beachten, die für die Erfüllung des Siebenjahrplanes von Bedeutung sind.

7. Oberst Harnisch kontrolliert da, wo es erforderlich erscheint, inwieweit alle Maßnahmen, die zur Bearbeitung wichtiger republikflüchtiger Persönlichkeiten eingeleitet wurden, um

a) die wahren Gründe der Republikflucht zu erforschen, die tieferen Ursachen zu erkennen und weitere Republikfluchten zu verhindern;

b) die wahre Stimmung der Republikflüchtigen bei ihrer Ankunft in Westberlin oder Westdeutschland in Erfahrung zu bringen und festzustellen, ob sich daraus Möglichkeiten für die Rückführung ergeben – oder

c) die republikflüchtige Person im Westen entlarvt werden kann und damit für die feindlichen Absichten des Gegners unmöglich zu machen.

Aus dem Befehl 301/61 des Ministers für Staatssicherheit vom 8. Juli 1961 (BStU, ZA, BdL-Dok. 705)

Die Gegenmaßnahmen des SED-Regimes konnten den Trend freilich nicht umkehren. Nach Angaben des MfS wurden im Zeitraum vom 1. April bis zum 13. August 1961 lediglich 15 Prozent der »Republikfluchten« verhindert. Dabei zeigte sich eine überraschende Hilflosigkeit im Umgang mit Personen, die auf der Fahrt nach Berlin unter Fluchtverdacht abgefangen worden waren und in die Heimatorte zurückgeschickt wurden. Ein erheblicher Teil dieser Personen meldete sich dort nicht mehr zurück, was bedeutete, daß ihnen die Flucht wenig später auf anderem Wege gelungen war.

Als Vorbote der Grenzsperrung vom 13. August kann man wohl die drastischen Maßnahmen ansehen, die die SED Anfang August gegen die sogenannten Grenzgänger ergriff. Dabei handelte es sich um Bürger der DDR, in der Mehrheit Ostberliner, die in Westberlin arbeiteten und so jeden Tag die Zonen- oder Sektorengrenze überqueren mußten. Von 1957 bis 1959 gab es etwa 40 000 Grenzgänger, 1960 stieg die Zahl dann auf 53 000 - nicht zuletzt aufgrund der durch Nachschubschwierigkeiten bedingten Produktionsprobleme in der ostdeutschen Industrie. Facharbeiter und qualifizierte Angestellte - also durchaus Beschäftigte, die der DDR-Wirtschaft fehlten - bildeten unter den Grenzgängern die größten Gruppen.

Oberst Gerhard Harnisch

Befehl Mielkes vom 8. Juli 1961 zur abermaligen Intensivierung der Fluchtbekämpfung (BStU, ZA, BdL-Dok. 705)

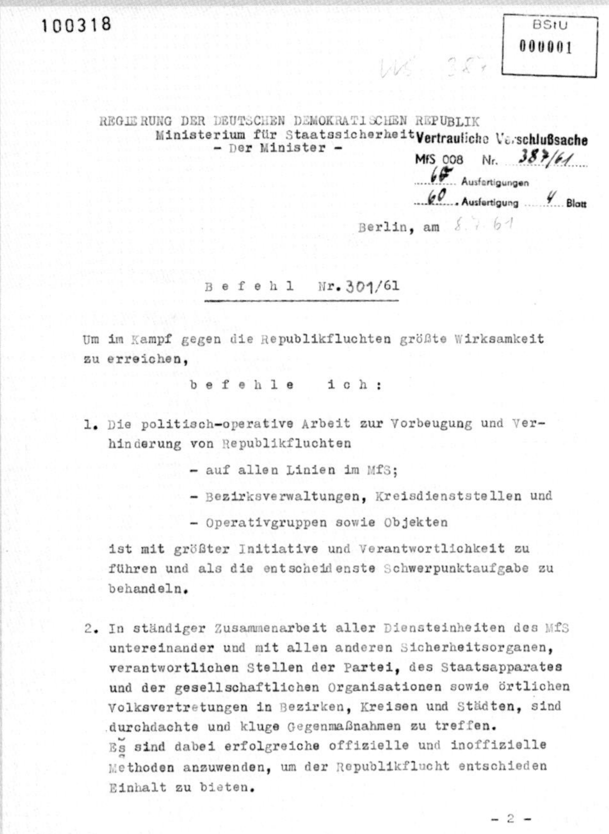

100318

BStU
000001

REGIERUNG DER DEUTSCHEN DEMOKRATISCHEN REPUBLIK
Ministerium für Staatssicherheit
- Der Minister -

Vertrauliche Verschlußsache
MfS 008 Nr. 387/61
68 Ausfertigungen
60. Ausfertigung 4 Blatt

Berlin, am 8.7.61

Befehl Nr. 301/61

Um im Kampf gegen die Republikfluchten größte Wirksamkeit zu erreichen,

befehle ich:

1. Die politisch-operative Arbeit zur Vorbeugung und Verhinderung von Republikfluchten
   - auf allen Linien im MfS;
   - Bezirksverwaltungen, Kreisdienststellen und
   - Operativgruppen sowie Objekten

   ist mit größter Initiative und Verantwortlichkeit zu führen und als die entscheidenste Schwerpunktaufgabe zu behandeln.

2. In ständiger Zusammenarbeit aller Diensteinheiten des MfS untereinander und mit allen anderen Sicherheitsorganen, verantwortlichen Stellen der Partei, des Staatsapparates und der gesellschaftlichen Organisationen sowie örtlichen Volksvertretungen in Bezirken, Kreisen und Städten, sind durchdachte und kluge Gegenmaßnahmen zu treffen.
   Es sind dabei erfolgreiche offizielle und inoffizielle Methoden anzuwenden, um der Republikflucht entschieden Einhalt zu bieten.

- 2 -

Schon in der Vergangenheit hatten SED-Agitatoren immer wieder versucht, den Sozialneid gegen die Grenzgänger zu schüren. Sie waren dabei nicht völlig erfolglos, denn die Grenzgänger konnten ihre Westmarkgehälter zum inoffiziellen 1:3-Kurs in Ostmark umtauschen und hatten somit wesentlich mehr Geld zur Verfügung als der normale DDR-Bürger. Hinzu kam der wesentlich einfachere Zugang zu begehrten Westwaren. Im Juli 1961 nahm die Polemik gegen die Grenzgänger kampagnenhafte Züge an; teilweise wurden sie zu »Aussprachen« vorgeladen, bei denen man ihnen die Aufnahme einer Arbeit in der DDR nahelegte.

Ab Anfang August 1961 gingen die DDR-Behörden massiv gegen Grenzgänger vor. Sie wurden verpflichtet, sich bei den Arbeitsvermittlungsstellen registrieren zu lassen. Personen, die als Grenzgänger erkennbar waren, wurden an der Zonen- bzw. Sektorengrenze aufgehalten. Man nahm ihnen den Personalausweis ab und schickte sie zurück. Für manchen Grenzgänger dürfte diese Maßnahme der letzte Anlaß für die »Republikflucht« gewesen sein. Erst die Grenzsperrung versetzte die DDR-Behörden in die Lage, das Grenzgängerwesen völlig zu beseitigen.

Entwicklung der Fluchten aus der DDR im Jahre 1961

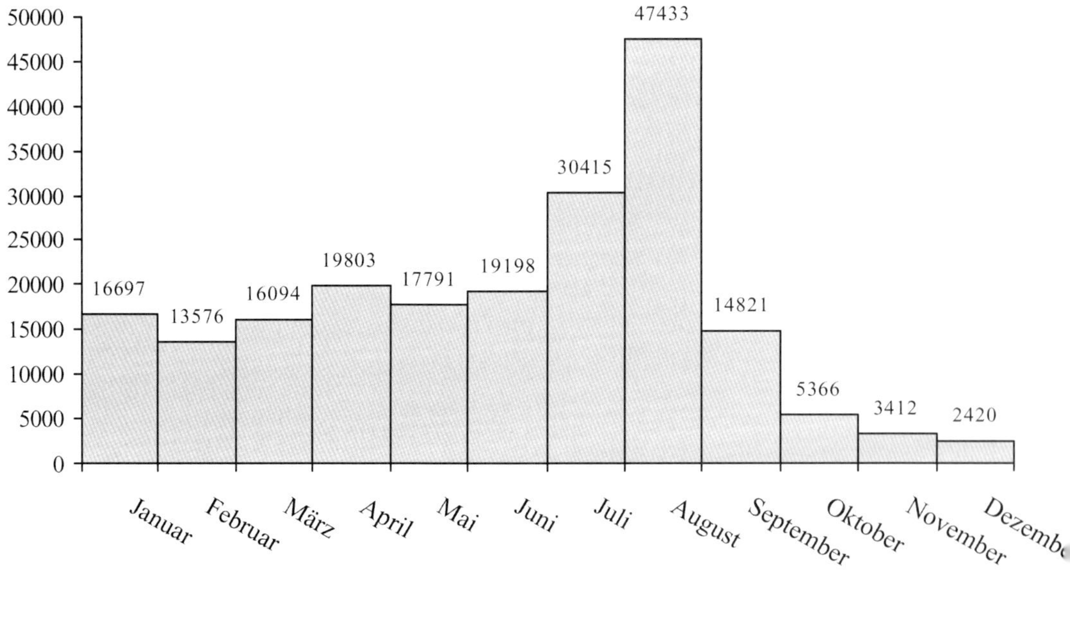

Quelle: Dokumente zur Deutschlandpolitik IV/6, S. 1592

Ein Bürgermeister polemisiert gegen die Grenzgänger

In den letzten Tagen kommen immer mehr Werktätige unserer Stadt zu den Stadtverordneten und zu mir und erheben die Forderung, entschiedene Maßnahmen gegen das Grenzgängerunwesen zu ergreifen.
Mit Recht empören sich unsere Werktätigen gegen eine Handlungsweise, die unseren friedlichen sozialistischen Aufbau stört und Handlangerdienst für diejenigen Kräfte ist, die das deutsche Volk ein drittes Mal in eine verheerende Kriegskatastrophe stürzen wollen.
Mit größter Selbstverständlichkeit nehmen die Grenzgänger, die bei uns wohnen und leben, alle durch den Fleiß unserer Werktätigen geschaffenen Möglichkeiten und Vorteile in Anspruch. Ihre Arbeitskraft jedoch stellen sie denen zur Verfügung, die alle Errungenschaften unserer Werktätigen beseitigen wollen.

Aus einer Bekanntmachung des Bürgermeisters von Bernau (eine Kleinstadt nordöstlich von Berlin) vom 22. Juli 1961 (zit. nach Rühle/Holzweißig: 13. August 1961, S. 87)

DDR-Propaganda gegen Grenzgänger

Ulbricht auf der Pressekonferenz
am 15. Juni 1961

Die Entscheidung zur Abriegelung Westberlins

Seit wann im Osten mit dem Gedanken an eine Abriegelung Westberlins gespielt wurde, um den Flüchtlingsstrom zu stoppen, ist unklar. Bereits 1952/53 hatte es auf seiten der SED-Führung erste Pläne dieser Art gegeben, und im November 1957 berichtete die CIA über die konkrete Möglichkeit einer solchen Maßnahme. Auch seit dem Beginn der Berlin-Krise gab es im Westen immer wieder Mutmaßungen, daß dieser Schritt vollzogen werden könnte.

Konkret soll der Vorschlag, durch Berlin eine Stacheldrahtbarriere zu ziehen, von Ulbricht auf der Warschauer-Pakt-Tagung am 28. und 29. März 1961 vorgetragen worden sein - das jedenfalls berichtete der damalige stellvertretende tschechoslowakische Verteidigungsminister Jan Sejna, als er 1968 in den Westen übergelaufen war. Sejna zufolge hätten sich die versammelten Parteichefs, insbesondere Janos Kadar aus Ungarn und Gheorge Gheorghiu-Dej aus Rumänien, entsetzt gezeigt und eine Zustimmung zu einer solchen Maßnahme verweigert.

Für Chruschtschow hatte zu diesem Zeitpunkt ohnehin noch ein mögliches Arrangement mit Kennedy Priorität - ein Mauerbau durch Berlin hätte nicht in diese Strategie gepaßt. Vor diesem Hintergrund ist wohl auch der berühmte Ausspruch Ulbrichts am 15. Juni 1961 zu sehen, daß niemand die Absicht habe, »eine Mauer zu errichten«. Allerdings hatte Ulbricht die Zusage erhalten, daß die Sowjetunion im Falle westlicher Wirtschaftssanktionen (etwa der abermaligen Kündigung des Interzonenhandelsabkommens) mit entsprechenden Lieferungen einspringen würde. Dadurch fühlte sich der SED-Chef im Hinblick auf wirtschaftliche Gegenmaßnahmen des Westens ausreichend gewappnet.

Ein vielsagendes Dementi

Ich verstehe Ihre Frage so, daß es in Westdeutschland Menschen gibt, die wünschen, daß wir die Bauarbeiter der Hauptstadt der DDR dazu mobilisieren, eine Mauer aufzurichten. Mir ist nicht bekannt, daß eine solche Absicht besteht. Die Bauarbeiter unserer Hauptstadt beschäftigen sich hauptsächlich mit Wohnungsbau, und ihre Arbeitskraft wird dafür voll eingesetzt. Niemand hat die Absicht eine Mauer zu errichten.

Walter Ulbricht auf der Pressekonferenz vom 15. Juni 1961 in Berlin

Kennedy und Chruschtschow am 3. Juni 1961 in Wien

Zwei Ereignisse im April 1961 führten dazu, daß die Position Chruschtschows gegenüber den USA und seinem neuen Präsidenten politisch und psychologisch gestärkt wurde. Am 12. April gelang der Sowjetunion mit dem Kosmonauten Juri Gagarin der erste bemannte Weltraumflug. Es kam zu einer etwas abgeschwächten Wiederauflage des Sputnik-Effektes: Die UdSSR zelebrierte ihren scheinbaren technologischen Vorsprung.

Das zweite Ereignis war in seinen politischen Auswirkungen noch erheblicher: Am 20. April scheiterte ein Coup der CIA gegen Fidel Castros Kuba, der noch unter der Eisenhower-Administration geplant worden war und von Kennedy nach längerem Zögern genehmigt wurde: die Landung von exilkubanischen Kämpfern in der Schweinebucht der Karibikinsel. Der desaströse Ausgang der Aktion kostete Kennedy gleich am Anfang seiner Amtszeit viel Prestige. Er erschien als schwacher Präsident, und diese vermeintliche Schwäche gedachte sich der sowjetische Parteichef zunutze zu machen.

Chruschtschow nahm einen schon länger vorliegenden Vorschlag Kennedys, direkte politische Gespräche zu führen, auf. Es wurde für den 3. und 4. Juni 1961 ein Treffen in Wien vereinbart, bei dem es zu einem harten Schlagabtausch kam. Chruschtschow versuchte, den nach seiner Einschätzung politisch angeschlagenen amerikanischen Präsidenten massiv einzuschüchtern, um so eine Berlin-Regelung in seinem Sinn zu erzwingen. Kennedy konterte entschieden. Er versuchte dem sowjetischen Parteichef klarzumachen, daß die USA in Westberlin vitale Interessen hätten und sich in keinem Fall aus der Stadt drängen ließen, weil dies ihre Position in Westeuropa insgesamt unterminieren würde. Chruschtschow entgegnete, daß keine Macht der Welt die Sowjetunion an der Unterzeichnung eines separaten Friedensvertrages mit der DDR hindern könne. Danach sei die DDR souverän und jede Verletzung dieser Souveränität käme einer Kriegserklärung gleich. Spätestens sechs Monate nach Abschluß des Friedensvertrages müßten die westlichen Truppen Berlin verlassen. Zur Gesichtswahrung könnten höchstens einige symbolische Militäreinheiten bleiben, allerdings nicht auf der Grundlage von Besatzungsrecht, sondern im Rahmen einer UNO-Vereinbarung. Am Nachmittag des zweiten Tages, als die beiden Staatsmänner nochmals ohne ihre Berater zusammenkamen, drohte Chruschtschow offen mit dem großen Krieg für den Fall, daß die Westmächte sich den Zugang nach Berlin mit militärischen Mitteln offenhalten würden.

Im Rückblick gesehen waren die Wochen zwischen dem Wiener Treffen und dem 13. August eine der gefährlichsten Phasen der Blockkonfrontation überhaupt. Nach Kennedys Rückkehr in die USA setzten dort konkrete militärische Ernstfallplanungen ein; sogar die kurzfristige Ausrufung des Nationalen Notstandes war im Gespräch.

Am 25. Juli trat Kennedy vor die Fernsehkameras und hielt eine Rede, die von äußerster Entschlossenheit zeugte. Er kündigte große Aufrüstungsanstrengungen und die ständige Bereitschaft der strategischen Bomberflotte an. Im Hinblick auf Westberlin nannte er drei »essentials«, die er mit aller Macht zu sichern entschlossen war: den freien Zugang, den Verbleib der westalliierten Truppen und die Lebensfähigkeit der Teilstadt. Die Freizügigkeit zwischen den beiden Teilen Berlins nannte er ausdrücklich nicht als »essential«. Dieser Teilrückzug der USA aus der Verantwortung über ganz Berlin hatte sich tendenziell schon in der Endphase der Präsidentschaft Eisenhowers angekündigt. Jetzt wurde er zur offiziellen Politik.

Kennedy zeigt Entschlossenheit

Wir wollen den Kampf nicht – aber wir haben schon gekämpft. Und andere haben in zurückliegenden Zeiten den gleichen gefährlichen Fehler gemacht anzunehmen, der Westen sei zu selbstsüchtig, zu weich und zu gespalten, um Angriffen auf die Freiheit in anderen Ländern zu widerstehen. [...]
Wir können und werden es nicht zulassen, daß die Kommunisten uns – sei es allmählich oder mit Gewalt – aus Berlin treiben. Denn die Erfüllung unseres dieser Stadt gegebenen Versprechens ist für die Moral und Sicherheit Westdeutschlands, für die Einheit Westeuropas und das Vertrauen der gesamten freien Welt wesentlich.

Aus der Fernsehansprache des amerikanischen Präsidenten am 25. Juli 1961 (Dokumente zur Deutschlandpolitik IV/6, S. 1348 f.)

Daß die Garantie der USA an der Ostberliner Sektorengrenze endete, wurde wenige Tage später noch deutlicher. Am 30. Juli gab der Vorsitzende des außenpolitischen Ausschusses des US-Senats, William Fulbright, ein Interview, in dem er unmißverständlich sagte: »Ich verstehe nicht, warum die Ostdeutschen nicht ihre Grenzen schließen, denn ich glaube, daß sie ein Recht haben, sie zu schließen.« Ein Widerspruch aus dem State Department blieb aus.

Grenze des amerikanischen Sektors an der Berliner Stadtautobahn »Avus«

Die Grenze der westlichen Garantien

Ostdeutschland entgleitet Chruschtschow, das kann er nicht hinnehmen. Wenn Ostdeutschland verloren geht, sind auch Polen und ganz Osteuropa verloren. Er muß etwas tun, um den Flüchtlingsstrom einzudämmen – vielleicht eine Mauer? Wir werden nichts dagegen tun können. Ich kann die Allianz zusammenhalten, um Westberlin zu verteidigen, aber ich kann nicht Ostberlin offenhalten.

Kennedy zu seinem Berater Walt W. Rostow, Anfang August 1961 (Rostow: The Diffusion of Power, S. 231)

Chruschtschow hatte aus den USA ein klares Zeichen bekommen und war gleichzeitig durch ein dramatisches Anwachsen des Flüchtlingsstromes aus der DDR unter unmittelbaren Entscheidungsdruck geraten. Die internationale Zuspitzung der Berlin-Krise hatte die Flüchtlingszahlen im Juli um mehr als 50 Prozent gegenüber dem Vormonat ansteigen lassen; die Steigerungsraten drohten exponentiell zu werden. In dieser Situation kam es zur Entscheidung für den Mauerbau.

Wann genau die Abriegelung beschlossen wurde, ist - trotz der intensiven Forschungen der letzten Jahre - nach wie vor noch nicht völlig geklärt. Zahlreiche Indizien sprechen dafür, daß Ulbricht die Abriegelung schon seit Jahresbeginn 1961 konkret vorbereitet und auf eine entsprechende Entscheidung gedrängt hat. Für Chruschtschow war aber eine Veränderung des Status von Westberlin, die eine Abriegelung überflüssig gemacht hätte, zunächst die vorrangige Option. Eine sehr weitgehende Vorentscheidung scheint dann unmittelbar nach Kennedys Rede vom 25. Juli gefallen zu sein, denn die militärischen und logistischen Vorbereitungen der Grenzsperrung liefen nachweislich schon Ende Juli an. Offenbar hatte Chruschtschow Ulbricht noch vor dem Moskauer Warschauer-Pakt-Gipfel, der am 3. August begann, sein grundsätzliches Einverständnis mit einer Grenzsperrung signalisiert. Endgültig abgesegnet wurde die Entscheidung dann aber wohl erst am 5. August, dem letzten Tag der Ostblockkonferenz.

Chruschtschow gerät in Zugzwang

Man kann sich unschwer ausrechnen, wann die ostdeutsche Wirtschaft zusammengebrochen wäre, wenn wir nicht alsbald etwas gegen die Massenflucht unternommen hätten. Es gab nur zwei Arten von Gegenmaßnahmen: die Lufttransportsperre oder die Mauer. Die erstgenannte hätte uns in einen ernsten Konflikt mit den Vereinigten Staaten gebracht, der möglicherweise zum Krieg geführt hätte. Das konnte und wollte ich nicht riskieren. Also blieb nur die Mauer übrig. Ich möchte Ihnen auch nicht verhehlen, daß ich es gewesen bin, der letzten Endes den Befehl dazu gegeben hat. Ulbricht hat mich zwar schon seit längerem und in den letzten Monaten immer heftiger gedrängt, aber ich möchte mich nicht hinter seinem Rücken verstecken. Er ist viel zu schmal für mich.

Chruschtschow zu Hans Kroll, dem damaligen Botschafter der Bundesrepublik Deutschland in Moskau (Kroll: Lebenserinnerungen, S. 512)

Der Entscheidungsprozeß scheint dabei vor allem durch die Tatsache erschwert worden zu sein, daß die anderen Ostblockstaaten die Rückwirkungen von etwaigen westlichen Wirtschaftssanktionen auf die eigenen Volkswirtschaften fürchteten. Von Ulbricht verlangte man auf der Konferenz Garantien, daß die DDR ihre ökonomischen Probleme im Falle einer Unterbrechung des innerdeutschen Handels weitgehend selbst meistere. Flankenschutz für seine Pläne erhielt Ulbricht vor allem vom polnischen Parteichef Wladislaw Gomulka. Am Ende gaben die versammelten Ostblockführer ihre Zustimmung für den Mauerbau. Chruschtschow verpflichtete Ulbricht allerdings, »keinen Millimeter« über die Absperrung der Sektorengrenze hinauszugehen, die zunächst auch nur mit Stacheldraht erfolgen sollte. Erst wenn völlig klar sei, daß die westliche Seite - wie erwartet - keine einschneidenden Gegenmaßnahmen treffe, solle mit einer massiven Befestigung begonnen werden.

Die Entscheidung in der Erinnerung eines sowjetischen Diplomaten

Von der Botschaft zum damaligen Gebäude der Volkskammer war es ein Katzensprung. Einige Minuten später waren wir bereits bei Ulbricht. [Botschafter] Perwuchin überbrachte ihm eine kurze Mitteilung Chruschtschows. Dieser gab seine Einwilligung, die Grenze zu Westberlin zu schließen und mit der praktischen Vorbereitung dieser Maßnahme unter größter Geheimhaltung zu beginnen. Die Aktion sollte rasch und für den Westen unerwartet durchgeführt werden.

Ulbricht hörte sich die Mitteilung an und zeigte dabei keinerlei Bewegung. Er nickte mit dem Kopf, bat, Chruschtschow seinen Dank zu übermitteln und begann sofort davon zu sprechen, wie er sich die Durchführung der Aktion im Detail vorstelle. Er wies darauf hin, daß man die Grenze zu Westberlin in ihrer ganzen Länge nur mit Hilfe von Stacheldraht rasch abriegeln könne. Diesen benötige man in ausreichender Menge, ebenso Pfähle, und alles müsse insgeheim nach Berlin gebracht werden. Auch die U- und S-Bahnverbindungen nach Westberlin müßten unterbrochen werden. Ulbricht beschrieb im Detail, daß man den S-Bahnhof Friedrichstraße zum Beispiel am besten mit einer Glaswand zwischen den Bahnsteigen teilen und die U-Bahnausgänge im Stadtbezirk Mitte einfach verschließen sollte.

Als Ulbricht in Perwuchins Miene Erstaunen über solche Detailkenntnisse erblickte, wies er darauf hin, daß man auf keinen Fall unterschätzen dürfe, wie kompliziert die bevorstehende Operation sei. Es dürfe kein Fehler unterlaufen, denn man müsse mit Massenaufläufen, offenen Versuchen des Ungehorsams, Schlägereien und vielleicht sogar mit Schießereien rechnen. Was die Wahl des Zeitpunkts betreffe, so sollte man an einem Sonntag handeln. Zur Zeit herrsche herrliches Sommerwetter, und Berlin werde halbleer sein. Alle Welt fahre an einem solchen Tag ins Grüne. Wenn die Menschen abends zurückkämen, werde alles erledigt sein.

Ulbricht war klar, daß alles von der streng geheimen Vorbereitung abhing. Er wußte, daß sein Partei- und Staatsapparat stark von westdeutschen Augen durchsetzt war und man niemandem besonders trauen konnte. Deshalb entschied er, nur Erich Mielke, den Minister für Staatssicherheit, Innenminister Karl Maron, Verteidigungsminister Heinz Hoffmann und Verkehrsminister Erwin Kramer einzuweihen. Sie alle hatten Befehl, das Material nur persönlich vorzubereiten, mit der Hand zu schreiben und im eigenen Safe aufzubewahren. Die Ausarbeitung des Gesamtkonzepts übernahm Ulbricht selbst. Erst einige Tage später teilte er mit, daß er beschlossen habe, Honecker als Stabschef einzusetzen.

Aus den Memoiren von Julij A. Kwizinskij (Kwizinskij: Vor dem Sturm, S. 180)

Ulbricht mit NVA-Soldaten,
August 1961

Die Grenzsperrung

Am 9. August 1961 liefen unter strengster Geheimhaltung die Vorbereitungen für die Abriegelung Westberlins an. Im Ostberliner Polizeipräsidium wurde ein Haupteinsatzstab unter Leitung des damaligen ZK-Sekretärs für Sicherheitsfragen, Erich Honecker, gebildet. Ihm gehörten – neben dem 1. Sekretär der Berliner SED-Bezirksleitung Paul Verner und dem stellvertretenden (und zu diesem Zeitpunkt faktisch amtierenden) Vorsitzenden des Ministerrates Willi Stoph – alle beteiligten Ressortchefs an: Staatssicherheitschef Mielke, Innenminister Maron, Verteidigungsminister Hoffmann und Verkehrsminister Kramer. Einbezogen waren auch zwei in den Protokollen nicht namentlich genannte sowjetische Vertreter: einer aus der Botschaft, der andere von den Streitkräften.

Am selben Tag rief das Ministerium für Nationale Verteidigung eine operative Gruppe ins Leben, der die Aufgabe übertragen wurde, Einsatz-, Alarm- und Truppenverlegungspläne auszuarbeiten. Außerdem wurden zwei motorisierte Schützendivisionen aus den Bezirken Schwerin und Potsdam in den nördlichen und südlichen Teil Berlins verlegt. Die Soldaten glaubten, sie würden eine Übung durchführen.

Am 11. August kündigte der Staatssicherheitschef den leitenden Kadern seines Ministeriums an, daß »in den nächsten Tagen entscheidende Maßnahmen beschlossen werden«, die von der Staatssicherheit »höchste Einsatzbereitschaft« erforderten. Das Protokoll dieser Dienstbesprechung läßt allerdings offen, wie weit Mielke die Leitungsriege seines Ministeriums in die bevorstehende Abriegelungsaktion tatsächlich konkret einweihte.

Mielke bereitet seine Leute vor

Heute treten wir in einen neuen Abschnitt der tschekistischen Arbeit ein. Dieser neue Abschnitt erfordert die Mobilisierung jedes einzelnen Mitarbeiters der Staatssicherheit.

In der jetzigen Periode wird sich erweisen, ob wir

DEUTSCHE DEMOKRATISCHE REPUBLIK

NATIONALER VERTEIDIGUNGSRAT

DER VORSITZENDE

BERLIN, 13.8.61
01.00 Uhr

An den
Vorsitzenden der Bezirkseinsatzleitung
Genossen Paul V e r n e r
B e r l i n

B E F E H L

Zur Herstellung der erhöhten Einsatzbereitschaft

b e f e h l e   i c h:

1. Ab sofort ist die Alarmstufe I für die Einsatzleitung des Bezirkes Berlin, ihren Stab und für die Einsatzleitungen der Kreise mit ihren Stäben, durchzuführen.

2. Für die Kampfgruppen der Arbeiterklasse in den Kreisen:

(1) Berlin – Mitte
(2) Berlin – Prenzlauer Berg
(3) Berlin – Pankow
(4) Berlin – Friedrichshain und
(5) Berlin – Treptow

die Alarmstufe II (Vollalarm) auszulösen und in den gemäß Einsatzplan festgelegten Konzentrierungsräumen die volle Gefechtsbereitschaft herzustellen.

– 2 –

Auslösung der Absperraktion, hier der Einsatzbefehl Ulbrichts an den 1. Sekretär der SED-Bezirksleitung Berlin, Paul Verner (Aus Mehls: Im Schatten der Mauer, S. 9)

alles wissen und ob wir überall verankert sind. Jetzt müssen wir beweisen, ob wir die Politik der Partei verstehen und richtig durchzuführen in der Lage sind. Der neue Abschnitt unserer Arbeit wird auch die Festigkeit unserer Republik zeigen.
Was ist die Hauptfrage: Größte Wachsamkeit üben, höchste Einsatzbereitschaft herstellen und alle negativen Erscheinungen verhindern. Kein Feind darf aktiv werden, keine Zusammenballung darf zugelassen werden.
Wenn in den nächsten Tagen entscheidende Maßnahmen beschlossen werden, muß jegliche Feindtätigkeit verhindert werden. Darum müssen wir in den Kreisen und Bezirken die genaue Übersicht über die Lage, besonders die feindlichen Kräfte, kennen. Die Kontrolle über die feindlichen Kräfte ist von größter Bedeutung. [...]
Zu einigen Einzelaufgaben:
In den Einsatzleitungen muß das Zusammenwirken der beteiligten Kräfte garantiert sein.
Durch die Organe, die in den bewaffneten Kräften arbeiten, muß die Zuverlässigkeit und Kampfbereitschaft gesichert werden. (Entsprechende Einsatzpläne sind sofort aufzustellen.) Zu den Offizieren der bewaffneten Organe muß enger Kontakt hergestellt werden. [...]
In den Betrieben, die durchgehend arbeiten, muß gesichert sein, daß keine Störungen auftreten können. [...]
Die Stimmung der Beschäftigten ist zu analysieren und die Zusammensetzung der Beschäftigten nochmals zu untersuchen, um die richtigen politisch-operativen Maßnahmen treffen zu können.
Es muß die genaue Übersicht über die Besetzung der Schlüsselpositionen vorhanden sein. Unter Umständen müssen negative Kräfte für einige Zeit aus ihren Bereichen herausgelöst werden.
Wer mit feindlichen Losungen auftritt, ist festzunehmen.
Feinde sind streng und in der jetzigen Zeit schärfer anzupacken.
Feindliche Kräfte sind sofort ohne Aufsehen unter Anwendung entsprechender Methoden festzuneh-

334 Gesetzblatt Teil II Nr. 51 – Ausgabetag: 13. August 1961

Bekanntmachung
des Ministeriums für Verkehrswesen der Deutschen Demokratischen Republik

Zur Durchführung des Beschlusses des Ministerrats der Deutschen Demokratischen Republik vom 12. August 1961 werden ab sofort folgende Veränderungen im gesamten Verkehrsnetz des Raumes von Berlin durchgeführt:

I. **Auf dem Streckennetz der Deutschen Reichsbahn**

1. **Fernverkehr**

Die Züge des internationalen Fernverkehrs und des Fernverkehrs zwischen Berlin und Westdeutschland verkehren nach ihrem bisher gültigen Fahrplan. Jedoch beginnen und enden diese Züge am Fernbahnsteig A des Bahnhofs Friedrichstraße.

2. **Berliner S-Bahn-Verkehr**

Der direkte S-Bahn-Verkehr zwischen den Randgebieten der Deutschen Demokratischen Republik und Westberlin wird eingestellt.

Ferner werden eingestellt der direkte S-Bahn-Verkehr zwischen den S-Bahnhöfen Pankow—Gesundbrunnen, Schönhauser Allee—Gesundbrunnen, Treptower Park—Sonnenallee, Baumschulenweg—Kölnische Heide.

Auf der Stadtbahn beginnen und enden die S-Bahn-Züge nach und aus Richtung Osten auf dem Bahnsteig C des Bahnhofs Friedrichstraße. Die Züge nach und aus Westen beginnen und enden auf dem Bahnsteig B des Bahnhofs Friedrichstraße.

Die S-Bahnhöfe Bornholmer Straße, Nordbahnhof, Oranienburger Straße, Unter den Linden und Potsdamer Platz werden für den öffentlichen Verkehr geschlossen. Die Bahnhöfe Wilhelmsruh, Schönholz und Woliankstraße der Nordstrecken der S-Bahn können nur von der Westberliner Seite her betreten und verlassen werden. Die Züge der Nord-Süd-S-Bahn, die zwischen Frohnau und Lichterfelde-Süd, Heiligensee und Lichtenrade sowie zwischen Gesundbrunnen und Wannsee über Schöneberg verkehren, halten im demokratischen Berlin nur am unteren Bahnsteig des Bahnhofs Friedrichstraße. Das Hauptgebäude des Bahnhofs Friedrichstraße kann nur nach dem Passieren einer Kontrolle betreten und verlassen werden. Der Bahnsteig C des Bahnhofs Friedrichstraße kann über die Zugänge an seinem östlichen und westlichen Ende ohne Kontrolle betreten und verlassen werden.

Auf den im demokratischen Berlin gelegenen S-Bahnstrecken wird der Zugverkehr in der bisherigen Weise in vollem Umfang aufrechterhalten. Der S-Bahnverkehr von Bernau – über Pankow – Schönhauser Allee zum östlichen Teil des Innenrings wird verstärkt.

Auf den S-Bahnstrecken Oranienburg–Hohenneuendorf, Velten–Hennigsdorf, Nauen–Falkensee, Potsdam–Griebnitzsee und Mahlow–Rangsdorf wird der örtliche Nahverkehr durch Pendelzüge der S-Bahn bedient. Zur Verbindung der nördlich, westlich und südlich von Westberlin gelegenen Kreise des Bezirks Postdam mit der Hauptstadt der Deutschen Demokratischen Republik wird der bereits bestehende Berufsschnellverkehr auf dem Berliner Außenring verstärkt.

II. **Auf dem Streckennetz der U-Bahn**

1. Die U-Bahn-Züge des im demokratischen Berlin gelegenen Teils der Linie A beginnen und enden für den öffentlichen Verkehr auf dem Bahnhof Thälmannplatz. Der U-Bahnhof Potsdamer Platz wird für den öffentlichen Verkehr geschlossen.

2. Der Bahnhof Warschauer Brücke der U-Bahn-Linie B wird für den öffentlichen Verkehr geschlossen.

3. Die Züge der U-Bahn-Linie C halten im demokratischen Berlin nur auf dem U-Bahnhof Friedrichstraße, der nach dem Passieren einer Kontrolle betreten und verlassen werden kann. Die Bahnhöfe Walter-Ulbricht-Stadion, Nordbahnhof, Oranienburger Tor, Französische Straße und der zu dieser Linie gehörende Bahnsteig des Bahnhofs Stadtmitte werden für den öffentlichen Verkehr geschlossen.

4. Die Züge der U-Bahn-Linie D durchfahren das demokratische Berlin ohne Halt. Die U-Bahnhöfe Bernauer Straße, Rosenthaler Platz, Weinmeisterstraße, der Bahnsteig D des Bahnhofs Alexanderplatz, die Bahnhöfe Jannowitzbrücke und Heinrich-Heine-Straße dieser Linie werden für den öffentlichen Verkehr geschlossen.

5. Der parallel zu den U-Bahn-Linien C und D verlaufende Omnibus- und Straßenbahnverkehr der BVG wird verstärkt.

III. **Fahrgastschiffahrt**

Der Ausflugsverkehr der „Weißen Flotte" zwischen den Havelseen und dem Seengebiet im Osten Berlins wird eingestellt.

IV. **Sonderfahrten mit Kraftomnibussen**

Alle grenzüberschreitenden Sonderfahrten mit Kraftomnibussen aus Westberlin sind genehmigungspflichtig.

Die Genehmigung zu solchen Fahrten ist beim Deutschen Reisebüro zu beantragen.

Einige dieser Maßnahmen werden zu Fahrzeitverlängerungen und andere zu Fahrzeitverkürzungen führen. Das Ministerium für Verkehrswesen wird sofort die erforderlichen Maßnahmen einleiten, um so schnell wie möglich auftretende Unbequemlichkeiten zu vermindern.

Diese Maßnahmen tragen vorläufigen Charakter und bleiben in Kraft bis zum Abschluß eines Friedensvertrages.

Berlin, den 12. August 1961

Kramer
Minister für Verkehrswesen

Bekanntmachung der Einstellung des öffentlichen Nahverkehrs zwischen Ost- und Westberlin durch den DDR-Verkehrsminister

Dienstausweis der Deutschen Reichsbahn für Mitarbeiter, die auch nach der Absperrung in Westberlin eingesetzt wurden (BStU, ASt Berlin, Abt. XIX, A 2700)

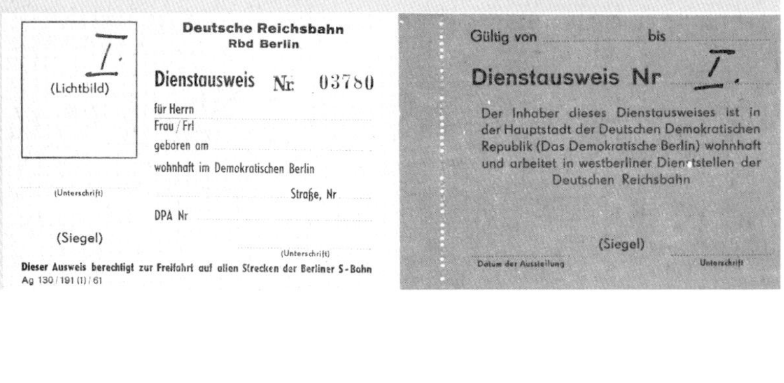
Deutsche Reichsbahn
Rbd Berlin
I.
(Lichtbild)
Dienstausweis Nr 03780
für Herrn
Frau / Frl
geboren am
wohnhaft im Demokratischen Berlin
(Unterschrift)
Straße, Nr
DPA Nr
(Siegel)
(Unterschrift)
Dieser Ausweis berechtigt zur Freifahrt auf allen Strecken der Berliner S-Bahn
Ag 130 / 191 (1) / 61

Gültig von bis
Dienstausweis Nr I.
Der Inhaber dieses Dienstausweises ist in der Hauptstadt der Deutschen Demokratischen Republik (Das Demokratische Berlin) wohnhaft und arbeitet in westberliner Dienststellen der Deutschen Reichsbahn
(Siegel)
Datum der Ausstellung
Unterschrift

men, wenn sie aktiv werden. [...]
Die gesamte Aktion erhält die Bezeichnung »Rose«.

Aus dem Protokoll über die Dienstbesprechung im MfS am 11. August 1961 (BStU, ZA, ZAIG 4900, Bl. 3–6)

Honeckers Haupteinsatzstab hatte eine Mammutaufgabe vor sich. Unter Einsatz von Polizei-, Pionier- und Kampfgruppeneinheiten sollten über Nacht 45 Kilometer innerstädtische Grenze und 160 Kilometer am »Ring« um Westberlin abgeriegelt werden. Das Vorgehen war minutiös geplant. Eine erste Staffel aus ausgewählten Betriebskampfgruppen, Einheiten der Grenz- und Bereitschaftspolizei sowie der Polizeischulen war für die unmittelbaren Abriegelungsmaßnahmen vorgesehen. Schutzpolizeiformationen hatten ihnen den Rücken freizuhalten und dafür zu sorgen, mögliche Menschenansammlungen zu unterbinden. Eine zweite Staffel von regulären NVA-Verbänden sollte im Rückraum Präsenz zeigen und im Notfall, etwa bei Grenzdurchbrüchen, die erste Staffel unterstützen. Für den Ernstfall einer militärischen Auseinandersetzung mit den westalliierten Truppen hielten sich schließlich die sowjetischen Streitkräfte in Bereitschaft.

In der Nacht zum 12. August legte die SED-Führung ihre Pläne den verantwortlichen sowjetischen Diplomaten und Militärs vor. Nach deren Plazet unterzeichnete Ulbricht - wahrscheinlich um 16.00 Uhr des folgenden Tages - als Vorsitzender des Nationalen Verteidigungsrates die entsprechenden Einsatzbefehle. Um 22.30 Uhr trat der Einsatzstab zusammen. Um ein Uhr nachts gingen an der Grenze die Lichter aus - der Einsatz begann. Jetzt wurde auch der von Ulbricht befohlene Alarm für die Berliner Einsatzleitungen ausgelöst und damit die Mobilisierung der Kampfgruppen eingeleitet. Laut Befehlslage standen den eingesetzten Polizei- und Militäreinheiten ganze 30 Minuten zur Schließung und weitere 180 Minuten zur pioniertechnischen Absperrung von 68 der insgesamt 81 Übergangsstellen nach Westberlin zur Verfügung.

Gegen 1.30 Uhr besetzte die Polizei die Bahnhöfe an den Sektorengrenzen. Wenig später wurde der S- und U-Bahnverkehr zwischen Ost- und Westberlin gekappt. Der bis dahin bestehende Durchgangsverkehr von insgesamt 12 Linien wurde unterbrochen. 48 S-Bahnhöfe wurden für den Intersektorenverkehr gesperrt, von 33 U-Bahnhöfen 13 völlig geschlossen. Die Reisezüge aus dem Westen kamen nicht mehr über den Bahnhof Friedrichstraße hinaus. Der für DDR-Bürger nunmehr unzugängliche Bahnsteig »A« bildete von da an End- und Abfahrtstation.

Etwa zur gleichen Zeit begannen die »pioniertechnischen« Absperrmaßnahmen. Gleisverbindungen wurden durchtrennt, Spanische Reiter aufgestellt, Drahtsper-

Bewachung des S-Bahnhofs Potsdamer Platz

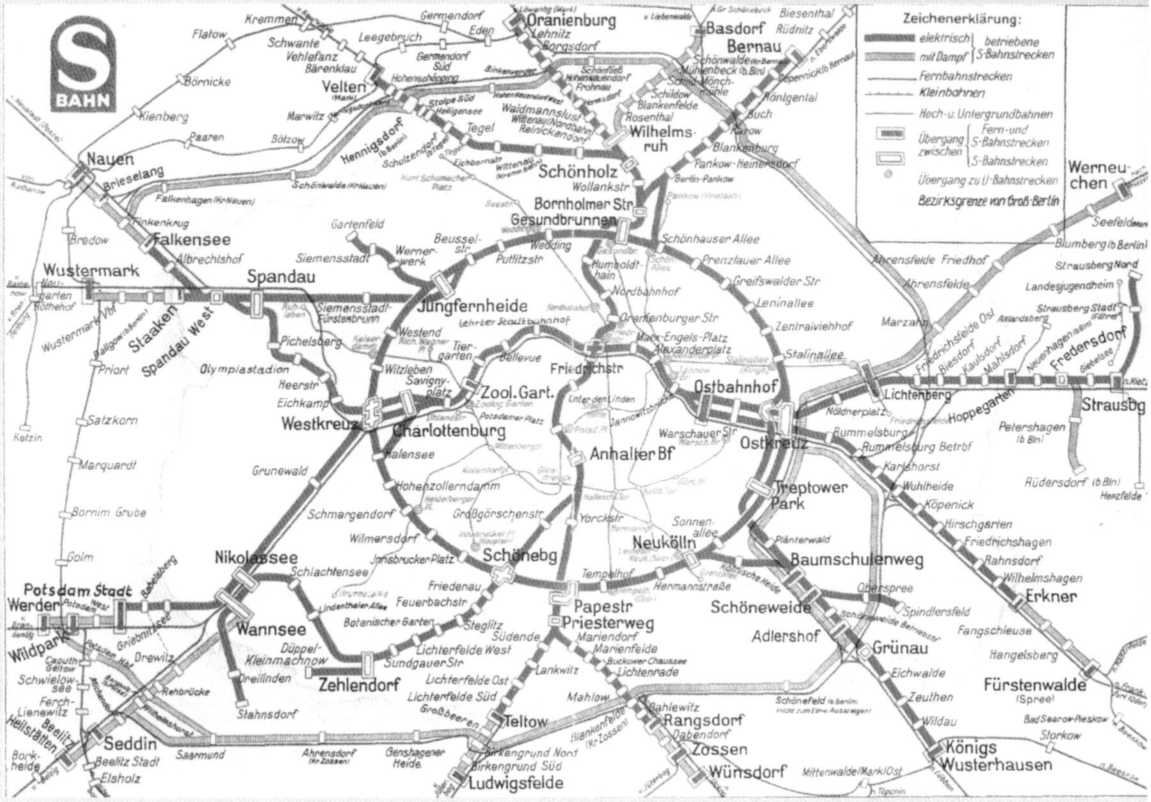

Berliner S-Bahn-Netz 1956

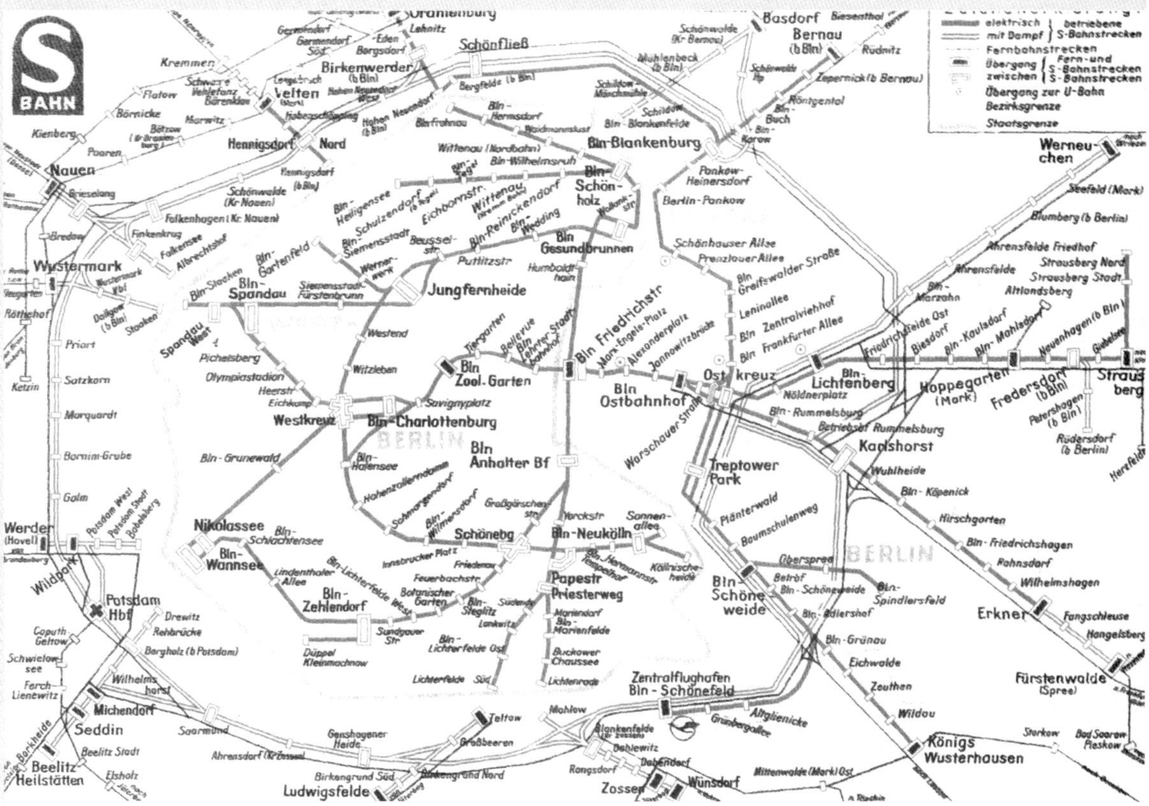

Berliner S-Bahn-Netz 1962

ren errichtet sowie Betonschwellen gelegt und Straßen aufgerissen. 800 zusätzliche Transportpolizisten kamen auf den Bahnhöfen zum Einsatz, um das Kontrollsystem zu verstärken. Gegen 6.00 Uhr waren die Zugangswege nach Westberlin im wesentlichen abgeriegelt. Das »Grenzloch« Berlin war geschlossen.

Schwarz auf weiß gedruckt, lag am Morgen rechtzeitig auch die staatsoffizielle Begründung vor - ein Ministerratsbeschluß vom Vortag. Die »systematische Bürgerkriegsvorbereitung durch die Adenauer-Regierung gegenüber der Deutschen Demokratischen Republik« mußte als Begründung für eine Maßnahme herhalten, die einzig und allein zum Ziel hatte, die Ostdeutschen im Herrschaftsbereich des SED-Staates einzusperren. Westberlinern wurde der Besuch Ostberlins zunächst noch gestattet, erst ab 23. August 1961 unterbanden die DDR-Machthaber auch dies.

Die offizielle Verlautbarung

Zur Unterbindung der feindlichen Tätigkeit der revanchistischen und militaristischen Kräfte Westdeutschlands und Westberlins wird eine solche Kontrolle an den Grenzen der Deutschen Demokratischen Republik einschließlich der Grenze zu den Westsektoren von Groß-Berlin eingeführt, wie sie an den Grenzen jedes souveränen Staates üblich ist. Es ist an den Westberliner Grenzen eine verläßliche Bewachung und eine wirksame Kontrolle zu gewährleisten, um der Wühltätigkeit den Weg zu verlegen. Diese Grenzen dürfen von Bürgern der Deutschen Demokratischen Republik nur noch mit besonderer Genehmigung passiert werden. Solange Westberlin nicht in eine entmilitarisierte neutrale Freie Stadt verwandelt ist, bedürfen Bürger der Hauptstadt der Deutschen Demokratischen Republik für das Überschreiten der Grenzen nach Westberlin einer besonderen Bescheinigung.

Aus dem Beschluß des Ministerrates der DDR vom 12. August 1961 (Neues Deutschland vom 13.8.1961)

In den folgenden Tagen kam der von Honecker geleitete zentrale Einsatzstab täglich zusammen, um über die Lage und neue Maßnahmen zu beraten und das Politbüro auf dem laufenden zu halten. Am 15. August beschloß der Nationale Verteidigungsrat den pioniermäßigen Ausbau der Grenzanlagen. Am selben Tag wurden die ersten Mauerelemente aufgestellt - man verwendete dazu ein Meter hohe Betonplatten und Hohlsteine. In der Wahrnehmung der Berliner begann jetzt der eigentliche Mauerbau. Am 18. August setzte die massive Abriegelung des Potsdamer Platzes mit Großbauplatten ein; diese Mauer wurde an den folgenden Tagen in Richtung Brandenburger Tor gezogen und aufgemauert. Damit war das ehemalige Stadtzentrum Berlins zerschnitten. Gleichzeitig begann die Zumauerung der nach Westen zeigenden Türen und Fenster jener Häuser, die an der Sektorengrenze standen, wie etwa in der Bernauer Straße. Über diese Häuser waren an den ersten Tagen nach der Absperrung zahlreiche Personen geflüchtet.

Die nachfolgenden Maßnahmen ließen ebenfalls keine Zweifel über die Ziele der Grenzsperrung aufkommen; sie dienten ausschließlich der Perfektionierung der Fluchtverhinderung. Die zweite Phase der Grenzsicherung in Berlin begann am 21. August mit der eigens im Rahmen der Bereitschaftspolizei geschaffenen Grenzbrigade Berlin. Sie erlaubte den schrittweisen Rückzug der Kampfgruppen und der NVA.

Am 23. August wurden die Kampfgruppen öffentlich und feierlich verabschiedet. Inzwischen war in den Berliner Betrieben Unmut aufgekommen, weil die Beschäftigten die ausfallenden rund 4500 Kampfgruppenangehörigen durch zusätzliche Arbeitsleistungen ersetzen mußten. Die propagandistisch motivierten Lobeshymnen der Partei über den erfolgreichen Einsatz der Kampfgruppen standen allerdings in einem eklatanten en Gegensatz zu ihrer enttäuschend verlaufenen Mobilisierung am 13. August. Sieben Stunden nach der Auslösung des Alarmes war bei den motorisierten Kampfgruppen-Bataillonen gerade mal eine Einsatzbereitschaft von knapp 13 Prozent und bei den allgemeinen Bataillonen und Hundertschaften von 14 Prozent erreicht gewesen. Selbst nach 14 Stunden hatte sie erst bei rund 37 respektive 29 Prozent gelegen. Zu diesem Zeitpunkt war die entscheidende Phase der Absperrungsaktion schon längst vorüber. Der Wert der Kampfgruppen war mehr ein propagandistischer. Die SED wollte mit ihrem Einsatz de-

Absperrung am Potsdamer Platz

Ulbricht und Honecker verabschieden die Kampfgruppen

monstrieren, daß hier die »Arbeiterklasse« zum Schutz »ihres Staates« tätig wurde.

Am 15. September 1961 wurde die Grenzpolizei auf Beschluß des Nationalen Verteidigungsrates mit der neuen Bezeichnung Grenztruppen in der damaligen Stärke von rund 38 000 Mann aus dem Verantwortungsbereich des Ministeriums des Innern in den des Ministeriums für Nationale Verteidigung eingegliedert - ein weiterer Schritt in Richtung Militarisierung der Grenzsicherung. Lediglich die beiden Berliner Grenzbrigaden blieben als Teil der Bereitschaftspolizei noch ein Jahr lang dem Innenministerium unterstellt - eine letzte kosmetische Rücksichtnahme auf den Viermächtestatus der Stadt. Unter der Ägide des Verteidigungsministeriums wurde das Grenzsystem zielgerichtet weiter ausgebaut. Hierzu gehörten immer massivere Grenzbefestigungen, der Aufbau von Beobachtungstürmen, das Schaffen weiterer schußfreier Felder und das Legen von Minenfeldern.

Die unerwartet zahlreichen Grenzdurchbrüche in den ersten vier Wochen nach der Grenzsperrung veranlaßten das Politbüro, den eigentlich schon aufgelösten zentralen Einsatzstab für den 20. September 1961 nochmals einzuberufen. Auf dieser Sitzung beschloß er unter der Leitung von Erich Honecker neue Maßnahmen zur Abdichtung der Grenze. Detailliert wurde für jeden Grenzabschnitt festgelegt, wo noch Gräben zu ziehen oder Betonpfähle und Höcker zu errichten und Betonplatten aufzustellen waren. Von besonderer Bedeutung war die bessere Sicherung der Kanalisation, die zwar durch Gitter abgesperrt, aber »unterkrochen« werden konnte. Die Errichtung einer Mauer an der »Grünen Grenze« wurde zunächst verworfen, weil sie bei Nacht Schatten werfe und damit für Fluchtwillige günstige Annäherungsmöglichkeiten biete. Hier sollten zunächst lediglich feste Drahtsperren an Pfählen errichtet werden.

Auf derselben Sitzung wurde die Devise ausgegeben: »Alle Durchbruchsversuche müssen unmöglich gemacht werden.« Stabschef Honecker erließ einen Schießbefehl, und Verteidigungsminister Hoffmann paßte am 6. Oktober 1961 die Bestimmungen über den Schußwaffengebrauch in der NVA entsprechend an. Ausdrücklich wurde befohlen, die »Schußwaffe gegen Grenzverletzer [...] nur in Richtung Staatsgebiet der DDR oder parallel zur Staatsgrenze« anzuwenden. Hiermit sollte vermieden werden, daß auf westliches Gebiet geschossen wurde. Die Sowjets hatten dies angemahnt, weil sie Zwischenfälle vermeiden wollten, die zu einer gefährlichen Konfrontation mit den Westalliierten führen konnten.

Honecker erteilt den Schießbefehl

Gegen Verräter und Grenzverletzer ist die Schußwaffe anzuwenden. Es sind solche Maßnahmen zu treffen, daß Verbrecher in 100-Meter-Sperrzone gestellt werden können. Beobachtungs- und Schußfeld ist in der Sperrzone zu schaffen.

Aus dem Protokoll der Lagebesprechung des zentralen Stabes am 20. September 1961 (zit. nach Filmer/Schwan: Opfer der Mauer, S. 379)

Gespräch an der Absperrung in der Harzer Straße, 23. August 1961

Links:
Erich Honecker, ZK-Sekretär für Sicherheitsfragen und Leiter des für die Abriegelungsmaßnahmen zuständigen zentralen Stabes

Potsdamer Platz
10 km

Coca-Cola
MARTINI

B
LH 104

Bernauer Straße
45-50
Wolliner Straße
Straßensperrung
verursacht durch die
Schandmauer

13. August 1961, 14.00 Uhr: Menschenmenge an der Absperrung in der Wilhelmstraße (MfS-Foto, vom Dach des »Hauses der Ministerien« aufgenommen)

Reaktionen im Westen

In Westberlin schliefen die meisten schon, als nach 1.00 Uhr die Abriegelung der Sektorengrenze begann. Einzelne Nachtschwärmer und die Diensthabenden der Westberliner Polizeidienststellen nahmen als erste wahr, daß an der Grenze zum Ostsektor einschneidende Maßnahmen im Gange waren. S-Bahnen wurden an der Sektorengrenze gestoppt, die Fahrgäste mußten die Züge verlassen und erhielten ihr Fahrgeld zurück. Am Brandenburger Tor wimmelte es von Uniformierten; Stacheldraht wurde ausgerollt. Das gleiche Bild bot sich am Potsdamer Platz und an den anderen Übergängen nach Ostberlin. Um 3.25 Uhr unterbrach der RIAS sein Unterhaltungsprogramm; der Sprecher verlas eine UPI-Meldung: »Starke Kräfte der Volkspolizei haben heute nacht die Grenze zwischen Ost- und Westberlin gesperrt.«

Brandt vor dem Schöneberger Rathaus

Die Wahrnehmung eines gebürtigen Potsdamers im fernen Bonn

Ein Tag wie ein Keulenschlag. Ulbricht hat über Nacht die Zone in ein riesiges Konzentrationslager für 17 Millionen Deutsche verwandelt. Um die für das Regime tödliche Fluchtbewegung zu stoppen, werden die Bürger des »Arbeiter-und-Bauern-Staates« künftig wie wilde Tiere gefangen gehalten. Ein Vorgang von unglaublicher Brutalität, ein Beweis aber auch für das totale Fiasko der SED in Mitteldeutschland.

Aus Wolfgang Schollwers Tagebuchaufzeichnung vom 13. August 1961 (Schollwer: Liberale Opposition, S. 158). Er war zu dieser Zeit Chefredakteur des FDP-Pressedienstes.

Nach Tagesanbruch war für jeden deutlich sichtbar, daß man die Stadt über Nacht buchstäblich zertrennt hatte. Trotz der politischen und administrativen Spaltung war Berlin in technischer Hinsicht, als Sozialgefüge und vor allem im Bewußtsein seiner Bürger bisher noch eine Stadt gewesen. Unzählige menschliche Bindungen - zwischen Verwandten, Freunden, Berufskollegen - waren betroffen. Ohnmächtiger Zorn machte sich breit, bei manchem auch Verzweiflung.

An den Stacheldrahtverhauen bildeten sich größere Menschenansammlungen, deren Stimmung zwischen Angst und Empörung schwankte: DDR-Uniformierte wurden beschimpft; es fielen Worte wie »Verräter« oder »KZ-Schergen«.

Oben: Westberliner Demonstranten an der Absperrung, 13. August 1961

Unten: Boykottaufruf gegen die von der DDR betriebene S-Bahn in Westberlin, 19. August 1961

Der Schock

Die Stadt war erschreckt. Fast jeder hatte »etwas« erwartet, kaum jemand aber mit einer gänzlichen Abriegelung gerechnet; auch den führenden Politikern fehlte dafür die Phantasie. Die Stadt brodelte vor Wut über die Brutalität der Mauer, viele fürchteten, Westberlin selbst könne angegriffen oder die Verbindung nach West gestört werden; nicht wenige zweifelten, ob die Alliierten sie wirklich schützen würden. Für den 16. August rief der Senat zu einer Kundgebung vor das Rathaus, ein nötiger, aber gefährlicher Schritt, denn die Erbitterung konnte in Protestmärsche zur Grenze umschlagen – mit unabsehbaren Folgen. Die Enttäuschung von den Amerikanern wurde auf Transparenten sichtbar: »Vom Westen verraten?« Brandt stand vor der Aufgabe, die Empörung zu artikulieren und gleichzeitig zu dämpfen.

Bender: Neue Ostpolitik, S. 65 f.

Der Berliner Regierende Bürgermeister Willy Brandt war erst am Morgen mit dem Flugzeug aus Hannover eingetroffen. Er hatte sich – als Kanzlerkandidat der SPD – in Westdeutschland auf Wahlkampftour befunden und war auf dem schnellsten Wege nach Berlin zurückgekehrt. Nach einer Sondersitzung des Senats traf Brandt noch am Vormittag des 13. Augusts mit den westalliierten Stadtkommandanten zusammen. Diese verhielten sich abwartend, denn sie hatten von ihren Regierungen bisher nur die generelle Instruktion erhalten, jede Eskalation zu vermeiden. Alliierte Rechte in Westberlin waren durch die Absperrungsmaßnahmen nicht tangiert, der Transitverkehr von und nach Westdeutschland floß unbehindert. In der Nacht hatte man am Potsdamer Platz sogar kurzzeitig ein wenig Stacheldraht wieder aufgerollt, um einem Mitarbeiter der Berliner US-Mission die Durchfahrt in den Ostsektor zu ermöglichen. Vor diesem Hintergrund waren die Bemühungen Brandts, die Stadtkommandanten zu einem schnellen energischen Protest oder zur sofortigen Entsendung von Militärpatrouillen an die Sektorengrenze zu bewegen, vergeblich. Die Militärstreifen erschienen erst nach zwanzig Stunden. Die erbetene Rechtsverwahrung der westlichen Stadtkommandanten bei ihrem sowjetischen Kollegen erfolgte nach 40 Stunden, ein förmlicher westlicher Protest erst nach 72 Stunden – und das, wie Brandt bitter bemerkte, »in Wendungen, die kaum über die Routine hinausreichten«.

Willy Brandt erinnert sich

Die Nachricht von der Absperrung der Stadt – die Mauer im materiellen Sinne wurde erst drei Tage später unter der Aufsicht bewaffneter Einheiten aufgerichtet – erreichte mich im Schlafwagen, der mich von Nürnberg nach Kiel bringen sollte. In Nürnberg hatte ich tags zuvor auf einer großen Versammlung meiner Partei gesprochen. In Kiel wollte ich am Sonntag den eigentlichen Wahlkampf eröffnen. Von den Bundestagswahlen, für die mich meine politischen Freunde als Kanzlerkandidat nominiert hatten, trennten uns noch genau fünf Wochen.

In aller Frühe klopfte ein Bahnbeamter an die Tür meines Abteils. Er überbrachte mir die Nachricht, daß eine radikale Absperrung des Ostsektors begonnen habe; man bitte mich, auf dem schnellsten Weg in meine Stadt zurückzukehren. Mit der kleinen Gruppe meiner Mitarbeiter verließ ich den Zug gegen 5 Uhr in Hannover, flog mit der ersten Morgenmaschine nach Berlin und ließ mich vom Flugplatz Tempelhof sofort an die Sektorengrenze fahren, erst zum Potsdamer Platz, dann zum Brandenburger Tor. Ich sah die Hindernisse, die man in den letzten Stunden herangeschleppt hatte und an denen nun mit deutscher Gründlichkeit weitergearbeitet wurde. Betonpfähle waren in die Straßen gerammt, Stacheldraht wurde gespannt. Ich sah einen Teil des großen Militäraufgebots – nicht der Russen, sondern der DDR –, das den Befehl hatte, den Übergang zu sperren. Ich sah in die leeren Augen der Landsleute, die drüben in Uniform ihren Dienst taten. Vor allem sah ich die besorgten und verzweifelten Blicke meiner Westberliner Mitbürger.

Brandt: Begegnungen und Einsichten, S. 9 f.

Kundgebung vor dem Schöneberger Rathaus am 16. August 1961

Die Stimmungslage in der Westberliner Bevölkerung wurde kritisch. Viele fühlten sich von den westlichen Schutzmächten im Stich gelassen, und nicht wenige sahen in der Abriegelung nur den ersten Schritt zu weitergehenden Maßnahmen gegen den Status von Westberlin. Auch Brandt selbst befürchtete, daß das Ausbleiben von energischen Reaktionen des Westens den Osten zu solchen Schritten ermutigen könnte. Am 16. August sprach er vor dem Schöneberger Rathaus zu 300 000 Bürgern, die sich zu einer vom Senat organisierten Kundgebung eingefunden hatten. Die Bild-Zeitung war an diesem Tag mit der Schlagzeile erschienen: »Der Westen tut nichts.« Zahlreiche Transparente hatten den gleichen Tenor. Der Regierende Bürgermeister stand vor einer schwierigen Aufgabe. Er mußte die Erwartungen und Ängste der Westberliner artikulieren, sie aber gleichzeitig beruhigen und von unbedachten Handlungen abhalten. Darüber hinaus mußte er die Alliierten in die Pflicht nehmen, ohne sie zu brüskieren.

Letzteres ist ihm nicht vollständig gelungen. Als er auf der Kundgebung sagte, er habe Kennedy einen Brief geschrieben und »ihm in aller Offenheit unseren Standpunkt mitgeteilt«, erhielt er zwar Applaus von der Menge, der amerikanische Präsident war darüber jedoch weniger erfreut. Er hatte den Brief am selben Tag per Telex erhalten und sich schon über seinen Tenor geärgert. Als er wenig später erfuhr, daß Brandt seine Initiative auf einer Kundgebung öffentlich gemacht hatte, war er regelrecht wütend. Er fühlte sich unter Druck gesetzt.

Hinzu kam, daß der US-Präsident die Grenzsperrung vom fernen Washington aus anders und - wie sich bald herausstellen sollte - zutreffender deutete als Brandt. Kennedy sah darin eine defensive Maßnahme, die darauf zielte, den Flüchtlingsstrom zu stoppen, ohne in die alliierten Rechte in Westberlin einzugreifen. In Washington verbreitete sich daher vorsichtiger Optimismus. Der Höhepunkt der Berlin-Krise schien überschritten.

Brandt schreibt an Kennedy

Die Entwicklung hat den Widerstandswillen der Westberliner Bevölkerung nicht verändert, aber sie war geeignet, Zweifel in die Reaktionsfähigkeit und Entschlossenheit der drei Mächte zu wecken. Dabei ist ausschlaggebend, daß der Westen sich stets gerade auf den existierenden Vier-Mächte-Status berufen hat. Ich weiß wohl, daß die gegebenen Garantien für die Freiheit der Bevölkerung, die Anwesenheit der Truppen und den freien Zugang allein für Westberlin gelten. Dennoch handelt es sich um einen tiefen Einschnitt im Leben des deutschen Volkes und um ein Herausdrängen aus Gebieten der gemeinsamen Verantwortung

Die Sektorengrenze wird mit Stacheldrahtzaun geschlossen

(Berlin und Deutschland als Ganzes), durch die das gesamte westliche Prestige berührt wird.[...]

Aus dem Brief des Regierenden Bürgermeisters vom 16. August 1961 an den amerikanischen Präsidenten (Dokumente zur Deutschlandpolitik IV/7, S. 49)

Kennedy antwortet

So ernst die Sache auch ist, so stehen uns jedoch, wie sie schreiben, keine Schritte zur Verfügung, die eine wesentliche materielle Änderung in der augenblicklichen Situation erzwingen könnten. Da die brutale Abriegelung der Grenzen ein schallendes Bekenntnis des Scheiterns und der politischen Schwäche darstellt, handelt es sich offensichtlich um eine grundlegende sowjetische Entscheidung, die nur ein Krieg rückgängig machen könnte. Weder Sie noch wir noch irgendeiner unserer Verbündeten haben je angenommen, daß wir wegen dieses Streitpunktes einen Krieg beginnen sollten. [...]

Allgemein möchte ich Sie noch dringend bitten, daß wir uns nicht von sowjetischen Aktionen erschüttern lassen dürfen, die in sich ein Schwächebekenntnis darstellen. Westberlin ist heute bedeutender als je zuvor, und seine Mission, Symbol für die Freiheit zu sein, ist noch nie so wichtig gewesen wie jetzt. Die Bindung Westberlins zur freien Welt ist keine Sache schöner Reden. So wichtig auch die Verbindungen zum Osten gewesen sind, so schmerzlich ihr Abbruch auch ist, so läuft das Leben der Stadt, so wie ich es verstehe, doch in erster Linie zum Westen hin – ihr Wirtschaftsleben, ihre moralische Basis und ihre militärische Sicherheit.

Aus dem Antwortbrief von Kennedy an Brandt vom 18. August 1961 (zit. nach Prowe: Der Brief Kennedys, S. 382 f.)

Der amerikanische Vizepräsident Lyndon B. Johnson vor dem Schöneberger Rathaus am 19. August 1961

Die amerikanische Administration erkannte sehr schnell, daß sich die Situation aus deutscher und vor allem aus Berliner Sicht völlig anders darstellte. Der Mauerbau und ihre Hinnahme durch die Westmächte wurden hier als Bedrohung wahrgenommen und vor allem als Ausdruck einer langfristigen Zementierung der deutschen Teilung angesehen. In Deutschland war eine psychologisch schwierige Lage entstanden, die negative Rückwirkungen auf den Zusammenhalt im westlichen Bündnis haben konnte. Außerdem gab es auch in Washington noch Befürchtungen, die DDR könnte, vom fast reibungslosen Ablauf ihrer Grenzsperrungsaktion berauscht, mit Rückendeckung der Sowjetunion weitere Positionsgewinne gegenüber Westberlin anstreben. Am 17. August entschloß sich Kennedy daher Flagge zu zeigen. Er entschied – gegen den Rat seines Verteidigungsministers Robert McNamara –, die Berliner US-Garnison durch eine 1500 Mann starke Kampfgruppe zu verstärken und sie demonstrativ im Konvoi über die Transitautobahn nach Berlin fahren zu lassen. Außerdem entsandte er den Vizepräsidenten Lyndon B. Johnson und den »Helden der Luftbrücke«, General Lucius D. Clay, in die Inselstadt. Als sie am 19. August in Berlin eintrafen, wurden sie von der Bevölkerung begeistert empfangen. Am folgenden Tag kamen auch die GIs an; sie hatten auf ihrem Weg durch die DDR keinerlei Schwierigkeiten gehabt. Die Fahrt des Militärkonvois über den Kurfürstendamm geriet zum Triumphzug – die Erleichterung der Westberliner war augenfällig.

Konrad Adenauer machte in diesen Tagen eine weniger glückliche Figur. Der Bundeskanzler hatte am Nachmittag des 13. August eine Erklärung abgegeben, die in erster Linie vom Bestreben getragen war, die Gemüter zu beruhigen und daher von vielen als zu distanziert empfunden wurde. Als er wenig später den Wahlkampf gegen seinen Herausforderer fortführte, als sei nichts gesche-

Am Checkpoint Charlie

hen, und sich bei einer Kundgebung in Nürnberg zu einer problematischen persönlichen Anspielung (»Brandt alias Frahm« – als Hinweis auf seine uneheliche Geburt und seine Exilvergangenheit) hinreißen ließ, kostete ihn das viele Sympathien. Am 16. August traf er sich mit dem sowjetischen Botschafter in Bonn Andrej A. Smirnow, und auch hier agierte er außerordentlich zurückhaltend. Im gemeinsamen Kommuniqué versicherte er, »daß die Bundesregierung keine Schritte unternimmt, welche die Beziehungen zwischen der Bundesrepublik Deutschland und der UdSSR erschweren und die internationale Lage verschlechtern« könnten. Zum Mauerbau wurde in das Kommuniqué lediglich die nichtssagende Formulierung eingefügt: »Der Herr Bundeskanzler nahm die Gelegenheit wahr, um Botschafter Smirnow seine Meinung über die Lage in Berlin zu sagen.«

Als Adenauer am 19. August zusammen mit Johnson, der auf seinem Weg in Bonn einen Zwischenstopp eingelegt hatte, mit nach Berlin fliegen wollte, winkte der amerikanische Vizepräsident ab. So besuchte der Bundeskanzler Westberlin erst drei Tage nach Johnson und wurde von der Bevölkerung bedeutend kühler empfangen als die amerikanischen Gäste.

Die westliche Solidarität, insbesondere die der USA, war Balsam für die Seelen der verunsicherten Westberliner. Doch war sie kaum geeignet, ihre Wut und Empörung über die Sperranlagen zu dämpfen, die von Tag zu Tag dichter und höher wurden. Immer wieder versammelten sich Jugendliche an der Sektorengrenze, beschimpften die DDR-Grenzsoldaten und machten Anstalten, gegen die Absperrungen vorzugehen. Und immer wieder mußte Westberliner Polizei einschreiten, um gefährliche Zwischenfälle zu verhindern. Manchmal sah das so aus, als schützten sie die verhaßten Grenzanlagen von der westlichen Seite her. Doch nicht immer waren Ordnungskräfte in der Nähe, und so gelang es Westberliner Jugendlichen wiederholt, Grenzanlagen zu zerstören. Noch am 5. Oktober 1961 wurde an der »Grünen Grenze« im Raum Groß-Ziethen die aus zwei Pfahlreihen mit Stacheldraht bestehende Grenzbefestigung auf einer Länge von 250 Metern völlig niedergerissen. Die Staatssicherheit war höchst alarmiert darüber, daß die Aktion auch von den DDR-Grenzern nicht bemerkt worden war.

Konrad Adenauer und der Bundesminister für gesamtdeutsche Fragen, Ernst Lemmer, vor dem Brandenburger Tor, 22. August 1961

MfS-Aufnahme vom Adenauer-Besuch

Ein weiteres Ziel Westberliner Proteste war die von der DDR betriebene S-Bahn. Brandt hatte unmittelbar nach dem 13. August mit dem Gedanken gespielt, die Westberliner Strecken in eigene Regie zu übernehmen, aber ohne Zustimmung der Westalliierten war das nicht möglich. Und so wurde die S-Bahn für die Westberliner zum Symbol der DDR-Staatsmacht in ihrem Teil der Stadt. In den ersten Tagen nach der Grenzsperrung entlud sich hier die Wut Westberliner Jugendlicher; wiederholt wurden S-Bahnwaggons verwüstet. Gleichzeitig lief unter der Losung »Keinen Pfennig mehr für Ulbricht!« ein Boykott der S-Bahn an, der von den meisten Westberlinern befolgt wurde. In den sechziger Jahren fuhren die S-Bahnen zumeist fast leer durch Westberlin.

Im Oktober 1961 kam es in Berlin zwischen Amerikanern und Sowjets noch einmal zu einer krisenhaften Zuspitzung, bei der die Welt den Atem anhielt. Am 22. Oktober hatten der stellvertretende Leiter der Berliner US-Mission, Allan Lightner, und seine Frau vor, in Ostberlin ins Theater zu gehen. Als sie die Sektorengrenze an dem für die Angehörigen der westalliierten Stellen vorgesehenen Übergang »Checkpoint Charlie« in der Friedrichstraße überqueren wollten, verlangten die DDR-Grenzpolizisten nach ihren Ausweisen. Das war eine ungewohnte Praxis, denn bis vor wenigen Tagen waren die an den Nummernschildern erkennbaren westalliierten Fahrzeuge einfach durchgewunken worden, egal ob sich darin Uniformierte oder Zivilisten befanden. Am 15. Oktober war es aller-

Westlautsprecher im Wedding

dings am »Checkpoint Charlie« erstmals zu einem Zwischenfall gekommen – einigen amerikanischen Zivilpersonen war von DDR-Grenzern die Durchfahrt in den Ostsektor verweigert worden. Die Amerikaner hatten bei ihren sowjetischen Kollegen protestiert, und diese hatten den Vorfall heruntergespielt. Lightner weigerte sich also instruktionsgemäß, seinen Ausweis zu zeigen, und verlangte nach einem sowjetischen Offizier, denn nach amerikanischer Auffassung wären zu einer Kontrolle von westalliierten Fahrzeugen und Insassen allenfalls die Sowjets befugt gewesen, nicht aber DDR-Polizisten. Doch es tauchte kein Vertreter der sowjetischen Besatzungsmacht auf, und so unterrichtete der stellvertretende Missionschef General Lucius Clay, der seit August in Berlin als persönlicher Vertreter Kennedys fungierte. Dieser schickte ihm sofort acht Militärpolizisten zu Hilfe, die Lightner mit aufgepflanzten Bajonett zu einem Abstecher in den Ostsektor eskortierten – bis zur Leipziger Straße und wieder zurück. Die DDR-Uniformierten mußte diese Machtdemonstration tatenlos hinnehmen. Um seine Entschlossenheit zu unterstreichen, ließ Clay am »Checkpoint« außerdem vier Panzer auffahren. Wieder versuchte die sowjetische Seite den Vorfall herunterzuspielen, der politische Berater des sowjetischen Stadtkommandanten erklärte, die Ostdeutschen hätten einen Fehler gemacht, den man korrigieren werde. Dem war aber nicht so, denn am nächsten Tag verbreitete das DDR-Innenministerium über ADN, daß alliiertes Personal in Zivil von den DDR-Organen kontrolliert werde.

Nach der Auffassung Clays leitete die DDR mit diesem Schritt eine Entwicklung ein, die unweigerlich zu einer immer stärkeren Einengung der alliierten Rechte in Berlin führen mußte. Das Vorgehen entsprach Ulbrichts bewährter Salamitaktik, die die Sowjetunion seit dem Beginn der Berlin-Krise immer wieder unter Zugzwang gesetzt hatte. Clay war entschlossen, nicht zurückzuweichen, um den Sowjets klar zu machen, daß die SED-Führung mit dem Feuer spielte.

Nach mehreren »Testfahrten« der Amerikaner, bei denen es wieder zu Schwierigkeiten gekommen war, eskalierte die Situation. Clay ließ die amerikanischen Panzer – inzwischen waren es insgesamt zehn – bis hart an die Sektorengrenze vorrücken. Sie waren mit Bulldozer-

Ostlautsprecher am »Haus der Ministerien«

US-Offiziere verhandeln am »Checkpoint Charlie« mit DDR-Grenzpolizisten

US-Tanks in der Friedrichstraße

schaufeln bestückt. Das machte nur Sinn, wenn man Mauerwerk oder ähnliches einreißen wollte. Tatsächlich hatte Clay seine Soldaten dergleichen heimlich schon trainieren lassen, und natürlich war das dem sowjetischen Nachrichtendienst nicht verborgen geblieben.

General Clay pokert mit hohem Risiko

> Falls wir bereit sind, mit einem schnellen gewaltsamen Vorstoß ziemlich tief nach Ostberlin vorzudringen und beim Rückzug die Sperrmauer niederzureißen, wird das zur Konfrontation mit den Sowjets führen. Weniger würde im Augenblick wenig Sinn machen.
>
> Aus dem Telegramm an den US-Außenminister Dean Rusk vom 25. Oktober 1961 (zit. nach Steininger: Der Mauerbau, S. 311)

In der Nacht vom 25. zum 26. Oktober verlegten die Sowjets 33 Panzer nach Ostberlin - das waren in etwa so viele, wie die Amerikaner in ihrem Sektor zur Verfügung

Der Blick von Westen: DDR-
Propaganda hinter der Mauer

hatten - und schickten am folgenden Tag davon zehn in die Friedrichstraße, dieselbe Anzahl, die Clay dort stehen hatte. Trotz der Dramatik der Situation war diese »Panzerarithmetik« ein deutlicher Hinweis, daß die sowjetische Seite nicht an einer Eskalation interessiert war.

Panzerkonfrontation am »Checkpoint Charlie«

Der kalte Krieg hat heute abend eine neue Dimension erreicht. Amerikanische und russische Kampftruppen gingen, zum ersten Mal in der Geschichte, gegeneinander in Stellung. Bis jetzt war der Ost-West-Konflikt von Stellvertretern ausgetragen worden, von Deutschen und von anderen. Aber heute gingen die Supermächte auf Konfrontation.

Aus einer CBS-Reportage vom 27. Oktober 1961 (zit. nach Wyden: Die Mauer war unser Schicksal, S. 118.)

16 Stunden lang standen sich die sowjetischen und amerikanischen Kampfpanzer mit scharfer Munition gegenüber - auf beiden Seiten umringt von hunderten Schaulustigen. Dann zogen zuerst die russischen und kurz darauf die amerikanischen ab. Was war geschehen? Der amerikanische Präsident hatte entschieden, Clays Berliner Machtprobe nicht mehr weiterzutreiben. Er hatte einen informellen Kanal zur sowjetischen Führung aktiviert, der über seinen Bruder Robert Kennedy und den mit ihm befreundeten Presseattaché an der sowjetischen Botschaft in Washington, Georgij Bolschakow, lief. Auf diesem Weg kam eine Einigung mit Chruschtschow über den Rückzug der Panzer in der beschriebenen Reihenfolge zustande. Was in diesem Zusammenhang sonst noch verhandelt wurde, ist bisher nicht bekannt. In einem wesentlichen Punkt ging Clays Rechnung allerdings auf. Zukünftig sollte die Sowjetunion Versuche der SED-Führung, alliierte Rechte in Berlin durch einseitige Maßnahmen auszuhebeln, nicht mehr zulassen.

Panzerkonfrontation am »Checkpoint Charlie«, im Vordergrund GI an einen US-Tank gelehnt, im Hintergrund sowjetische Panzer.

Nach der Panzerkonfrontation in der Friedrichstraße forcierten MfS und Nationale Volksarmee im November 1961 die Ausstattung der Sektorengrenze mit Panzersperren. Die Maßnahme trug den Codenamen Aktion »Igel«.

Wer Mauern
baut hat es
nötig!

Bevölkerungsstimmung, Widerstand und Repression im Osten

Das martialische Bild, das sich in den Morgenstunden des 13. August den Ostberlinern an der Sektorengrenze präsentierte, löste bei vielen Fassungslosigkeit aus. Die Staatssicherheit meldete zwar in ihren Stimmungsberichten an die Parteiführung »überwiegend positive Stellungnahmen«, bezog diese jedoch bezeichnenderweise auf »organisierte Aussprachen und Kurzversammlungen«. Wie so oft in heiklen Phasen der DDR-Geschichte bemühten sich die Machthaber, ihre eigenen Inszenierungen für Realität zu halten, und das MfS half ihnen dabei.

Am Vormittag des 13. August wurden die Berliner SED-Genossen zu außerordentlichen Kreisaktivtagungen zusammengerufen, um sie für die erwarteten politischen Auseinandersetzungen zu rüsten. Sie hatten die beiden militärischen Staffeln an den Grenzsperren gewissermaßen durch eine ideologische zu ergänzen. Die Partei erwartete von ihren Mitgliedern, daß sie nicht nur im kleinen Kreis, sondern auch in größeren Menschenansammlungen »positiv« argumentierten und so systematisch die öffentliche Stimmung beeinflußten. Das Motto lautete: »Keine Geduld mit denen, die bösartig und aggressiv auftreten! Unsere helfende Hand denen, die fragen und eine Orientierung wollen! Aber die Faust denen, die Provokateure sind!«.

Große Versammlungen mit Betriebsbelegschaften standen ausdrücklich nicht auf dem Agitationsprogramm. Hier wirkte offensichtlich das Trauma des 17. Juni nach, das auch zuvor schon das Vorgehen der SED-Planer beeinflußt hatte. Daß die Entscheidung, die Grenzsperrung am 13. August durchzuführen, gefallen war, ist vor dem gleichen Hintergrund zu sehen. Es handelte sich um einen Sonntag. Die meisten »Werktätigen« waren zu Hause oder in ihren Lauben, einige sogar verreist, denn es war Ferienzeit. Die Gefahr, daß die Arbeiter – wie im Juni 1953 geschehen – aus den Betrieben auf die Straße strömen, um zu demonstrieren, bestand an diesem Tag nicht.

Die Partei mobilisiert ihre Mitglieder

Anwesend waren weit über 1 000 Genossen. Es herrschte eine ausgezeichnete Kampfstimmung. Die Ausführungen des Genossen K[iefert] sind gut angekommen. Das zeigte sich schon darin, daß mindestens 20mal bei seinen Worten Beifall geklatscht wurde. Die Bereitschaft der Genossen zeigte sich auch darin, daß nach der Ansprache des Genossen Kiefert die Hälfte aller anwesenden Genossen sich sofort für den Agitationseinsatz an den politischen Schwerpunkten bereit erklärten. Diese wurden dann auch in Gruppen von ca. 20 Genossen an den Grenzübergängen, an U- und S-Bahnhöfen eingesetzt. Die andere Hälfte der anwesenden Genossen wird ab 14.00 Uhr eingesetzt. Es wurde weiter festgelegt, daß die Genossen in den Betrieben alle Maßnahmen aufzunehmen haben, die Produktion voll in Gang zu bringen, keine Provokation zuzulassen und die Schwerpunkte in den Betrieben politisch zu sichern. Die Genossen der BPO'en erhielten den Auftrag, morgen in allen Einkaufszentren zu agitieren und keine Angstkäufe zuzulassen. Darüber soll heute noch in den Hausgemeinschaften diskutiert werden. Ebenfalls wurden die Genossen aufgefordert, in den »Stammkneipen« keine Provokationen zuzulassen. Die sozialistischen Brigaden sind aufgefordert worden, morgen in ihren Betrieben dazu Stellung zu nehmen und im Zusammenhang an dem Beispiel der Brigade »Krahmann« Verpflichtungen einzugehen.

Aus dem Bericht über die Parteiaktivtagung im Ostberliner Stadtbezirk Friedrichshain am Morgen des 13. August 1961 (Mehls: Im Schatten der Mauer, S. 41)

Der Parteiapparat hatte bis zum Montag genug Zeit, die SED-Mitglieder auf ihre Aufgaben einzustimmen und konkrete propagandistische Vorbereitungen zu treffen. Zunächst kam es in den Betrieben auch zu keinen nennenswerten Störungen. Erst ab 16. August ist in MfS-Berichten von Streikversuchen die Rede. Bis Ende des Jahres 1961 wurden 65 Streiks unter Teilnahme von jeweils 20 bis 600 Personen registriert. Das überstieg nur unwesentlich die Größenordnung der vor dem 13. August durchgeführten Streiks. Das Regime hatte die Betriebe diesmal im Griff.

Außerhalb der Parteiversammlungen sah das Stimmungsbild anders aus. Vornehmlich in Berlin registrierte das MfS »größere«, wenngleich nicht »übermäßige« kritische Meinungsäußerungen. In Kreisen des Mittelstandes und der Genossenschaftsbauern machte es eine »schwankende«, in der Intelligenz eine »abwartende« Haltung aus. Ein großer Teil der parteilosen Wissenschaftler der Akademie der Wissenschaften reagiere ablehnend. Vereinzelt würden Drohungen laut, sich an den bevorstehenden Wahlen im September nicht zu beteiligen, falls ein Reisepaß für Besuche in der Bundesrepublik abgelehnt würde. Größeren Unmut stellte das MfS bei Jugendlichen fest.

Neben der offenen Unzufriedenheit darüber, daß Besuche und Einkäufe in Westberlin nicht mehr möglich waren, registrierte die Staatssicherheit immer wieder die gleichen politischen Äußerungen: Mit Stacheldraht ließe sich eine Ordnung dieser Art nicht lange aufrechterhalten. Die Westmächte würden die Absperrung auf Dauer nicht hinnehmen. Die Spaltung Deutschlands werde durch sie vertieft. Einige Bürger wurden allerdings noch deutlicher: Nicht selten fiel auch das Wort »KZ«.

Wachsam an der Grenze und im Betrieb

In diesen Tagen im RAW Berlin, Revaler Straße, notiert:

- Von vieren, die für fünf arbeiten
- Warum ein Arbeitsplatz nicht verwaist
- Krawallbrüdern zeigen wir, was eine Harke ist
- Einer zog aus und lernte das Fliegen
- Schlosser Siegfried Reiher hatte seinen großen Tag
- Jürgen Graap mit Karabiner an der Oberbaumbrücke

Der 20jährige Schlosser Siegfried Reiher hatte gestern seinen großen Tag. Am Donnerstag um 15 Uhr wurde er feierlich als Kandidat in die Partei aufgenommen. Von allen Seiten gab es Glückwünsche. Einen besonders herzlichen Glückwunsch möchte „Neues Deutschland" auf diesem Wege von seinem Freund und Arbeitskollegen Jürgen Graap übermitteln, der in diesen Tagen am Grenzübergang Oberbaumbrücke auf Posten steht.

Warum stellte Siegfried gerade jetzt den Aufnahmeantrag? – Hören wir ihn selbst: „Schon lange trug ich mich mit dem Gedanken, aber am Sonntag ist bei mir der Groschen endgültig gefallen. Ich bin Arbeiter, und in diesem Kampf gegen das von den Militaristen betriebene Störzentrum Westberlin möchte ich organisiert mit in der allerersten Reihe stehen.

Es ist ein klarer Fall: Seit Sonntag müssen wir besonders hinterherhauen. Einer von uns steht an der Grenze auf Wacht: Jürgen Graap. Sein Arbeitsplatz soll nicht verwaisen. Nicht ein Güterwagen soll weniger 'rausgehen. Seine Arbeit, Achsen- und Federnwechsel sowie Vermessen, haben wir mit übernommen.

Unsere Genossen sorgen an der Grenze für Ruhe und Ordnung. Wir sorgen im Betrieb für Ruhe und Ordnung. Am Mittwoch gab es eine Begegnung mit einem Krawallbruder, einem ehemaligen Grenzgänger. Wohlgemerkt, wir wollen sie nicht wie Aussätzige behandeln, aber wenn sie pampig werden, dann warten wir nicht erst, bis zufällig ein Kampfgruppenmitglied oder ein Polizist vorbeikommt. In unserer Kaderabteilung wollte einer herumnölen. Da haben wir ihm gezeigt, was eine Harke ist. Ein Kollege nahm ihn beim Kragen. So schnell konnte der Schreihals gar nicht gucken. Da flog er schon auf die Straße. Wenn er sich jetzt in einem anderen Betrieb bewirbt, dann wird er wissen, daß er sich bei uns anständig zu benehmen hat."

Wir sorgen für reine Luft

Mit frischem Obst, Zigaretten und einer Flasche „Würze" für den Tee machten sich nach Feierabend einige Kollegen unter Führung des Parteisekretärs Genossen Bernhard Tietz und des BGL-Vorsitzenden Fritz Wende nach der Grenze auf. Der Parteisekretär dankte allen Genossen für ihre Einsatzbereitschaft, unter ihnen auch dem Schlosser Jürgen Graap, der an der Oberbaumbrücke auf Posten stand. „Wir sorgen hier für reine Luft in Berlin", sagte der junge Genosse. „Bestellt den Kumpeln im RAW die besten Grüße. Solange es notwendig ist, werden wir hier dafür sorgen, daß [illegible] und in aller Zukunft unsere Arbeitsplätze und der sozialistische Aufbau geschützt werden. Grüßt vor allem unsere Brigade und den Genossen Siegfried." Und schmunzelnd fügte er hinzu: „Ganz unschuldig bin ich auch nicht, daß er jetzt in den Reihen unserer Partei steht."

Sie arbeiten in diesen Tagen für fünf: Siegfried Reiher (linkes Bild, vorn rechts), Brigadier Erich Müller, Gert Fedtke und Ferdinand Pfeiffer. Auf Posten an der Grenze: Schlosser Jürgen Graap, 18 Jahre jung

Aus »Neues Deutschland« vom 18. August 1961

Die Staatssicherheit registriert Widerspruch

In allen Bevölkerungsschichten spielten die nachgenannten Argumente eine vorrangige Rolle:

- anstelle der Grenzsperrung in Berlin hätte man »freie Wahlen« unter internationaler Kontrolle durchführen sollen,
- die getroffenen Maßnahmen sind zu hart, man sollte keine Panzer einsetzen und keinen Stacheldraht ziehen,
- durch die Maßnahme wird die Spaltung vertieft bzw. verewigt,
- die Maßnahmen dienen lediglich dem Zweck, die Entvölkerung der DDR zu verhindern,
- sie würde die Kriegsgefahr erhöhen bzw. einen Krieg heraufbeschwören.

Aus einem MfS-Situationsbericht vom 28. September 1961 über den Bezirk Dresden (BStU, ZA, ZAIG 478, Bl. 77 f.)

Durch agressive Propaganda versuchte die SED von ihrem politischen Bankrott abzulenken und das Feindbild ihrer Mitglieder zu schärfen. (Karikatur aus »Neues Deutschland« vom 29. August 1961)

Brandt: „Schießt mich heraus, Leute!" Zeichnung: Beier-Red.

Proteste und Widerstandsaktionen konzentrierten sich auf die ersten Tage und Wochen nach der Grenzabriegelung. Am 13. August selbst registrierten die Sicherheitsorgane rund 20 Menschenansammlungen mit Protestcharakter, an denen jeweils zwischen 20 und 600 Personen, vornehmlich Jugendliche, teilnahmen. Drei Tage nach dem 13. August waren von der Volkspolizei schon knapp 1100 Personen festgenommen worden; gegen 500 Verhaftete wurden Ermittlungsverfahren eingeleitet. An den Häuserwänden tauchten Protestlosungen auf wie »Wir wollen Freiheit« und »Weg mit Ulbricht«.

Auf Hiddensee protestierten am 14. und 15. August Studenten der Universitäten Rostock, Greifswald und Berlin. Sie hatten eine Resolution vorbereitet, die folgende Formulierung enthielt: »Wir wollen unsere Freiheit haben, wir sind erwachsene Menschen und müssen selbst wissen, wohin wir zu gehen haben oder nicht«. Delikte der »staatsgefährdenden Hetze« nahmen auch in den Grenzkreisen kurzzeitig erheblich zu. In den ersten drei Wochen nach dem Mauerbau wurden 105 »staatsfeindliche« Aktionen registriert – fast dreimal so viele wie durchschnittlich vor dem 13. August.

Haftbefehl wegen Schimpfens über die Grenzabriegelung
(BStU, ZA, AU 6700/62, GA, Bd. 1, Bl. 11)

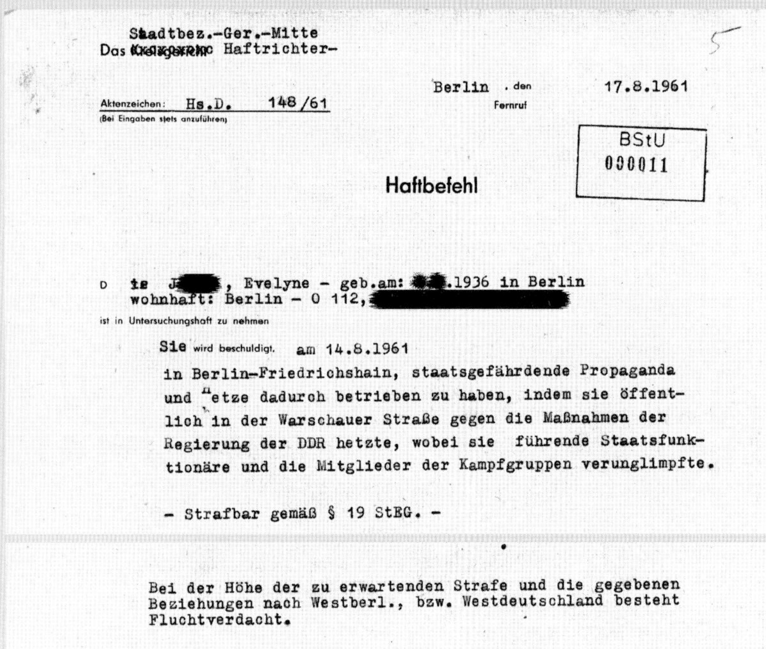

Stadtbez.-Ger.-Mitte
Das Haftrichter-

Aktenzeichen: Hs.D. 148/61
(Bei Eingaben stets anzuführen)

Berlin, den 17.8.1961
Fernruf

BStU
000011

Haftbefehl

Die [redacted], Evelyne - geb.am: [redacted].1936 in Berlin
wohnhaft: Berlin - O 112, [redacted]
ist in Untersuchungshaft zu nehmen

Sie wird beschuldigt, am 14.8.1961
in Berlin-Friedrichshain, staatsgefährdende Propaganda und Hetze dadurch betrieben zu haben, indem sie öffentlich in der Warschauer Straße gegen die Maßnahmen der Regierung der DDR hetzte, wobei sie führende Staatsfunktionäre und die Mitglieder der Kampfgruppen verunglimpfte.

- Strafbar gemäß § 19 StEG. -

Bei der Höhe der zu erwartenden Strafe und die gegebenen Beziehungen nach Westberl., bzw. Westdeutschland besteht Fluchtverdacht.

Protestaktionen nehmen zu

Allgemein ist ein verhältnismäßig starkes Ansteigen solcher Vorkommnisse festzustellen, wie das Anschmieren von Hetzparolen, die Verbreitung von Hetzschriften, mündliche Hetze, anonyme Anrufe mit Drohungen und Verleumdungen usw., ohne daß dabei besondere territoriale oder objektmäßige Schwerpunkte in Erscheinung treten. Beachtung verdient, daß es sich bei einem großen Teil der bis jetzt gefaßten Täter um Jugendliche handelt. [...] Eine gewisse negative teils feindliche Konzentration stellen nach wie vor die ehemaligen Grenzgänger dar. Nach dem Stand von Mitte September 1961 hatten von den bis zum 6.9.1961 registrierten über 32 000 ehemaligen Grenzgängern etwa 24 000 die Arbeit in Betrieben des demokratischen Berlins aufgenommen. Aus den genannten Zahlen geht gleichzeitig hervor, daß sich ein Teil der ehemaligen Grenzgänger bis zu dem angeführten Zeitpunkt noch nicht registrieren ließ.

Aus einem MfS-Situationsbericht vom 29. September 1961 über Ostberlin (BStU, ZA, ZAIG 478, Bl. 5 f.)

Im November 1961 meldete die Hauptabteilung IX, das zentrale Untersuchungsorgan des MfS, strafrechtliche Ermittlungen gegen 23 Gruppen von Jugendlichen. In einem Fall hatten drei Jugendliche am 19. August in Dresden insgesamt «48 Hetzlosungen an Mauern, auf Straßen, Litfaßsäulen und Briefkästen mittels Kreide und Farbe« angebracht.

Vor allem Jugendliche rebellieren

Nach Durchführung der Sicherungsmaßnahmen der Regierung der DDR vom 13.8.1961 ist zu verzeichnen, daß sich in den verschiedensten Kreisen der Jugend staatsfeindliche Gruppen zusammenrotten, die sich das Ziel stellen, mittels Waffen, Kraftfahrzeugen und unter Ausnutzung anderer Möglichkeiten, wie Kanalisationsanlagen oder per Schiff, die Grenzsicherungsanlagen der DDR gewaltsam zu durchbrechen und nach Westberlin oder Westdeutschland republikflüchtig zu werden.

Aus der Analyse des MfS-Untersuchungsorgans über die Lage der Jugend vom 4. November 1961, S. 1 (BStU, ZA, HA IX MF 11845)

Eine jugendliche Widerstandsgruppe als Reaktion auf den Mauerbau

Der Beschuldigte S., Peter, geboren 1944, Kühlanlagenbauer-Lehrling [...], gründete am 21.9.1961 unter Mithilfe des P., Axel, geboren 1943, Betriebsschlosser-Lehrling [...], im Lehrlingswohnheim Zschopau eine Untergrundgruppe unter der Bezeichnung »Club Deutscher Jugend«. Diese Gruppe erarbeitete eine schriftliche Konzeption mit folgender Zielstellung:

- Kampf gegen den Marxismus-Leninismus
- organisierter Kampf gegen die DDR
- Wiedervereinigung Deutschlands nach dem Muster der Weimarer Republik
- Gewinnung von Menschen aller Schichten für diese Ziele
- Aufnahme von Verbindungen nach Westberlin
- Forderung von Unterstützung durch den Westberliner Frontstadtchef Brandt und den RIAS.

Die Leitung der Untergrundgruppe bestand aus

einem fünfköpfigen sogenannten »Zentralrat«. Die Verbindung der Gruppe nach Westberlin sollte durch P. aufgenommen werden, dessen 1957 republikflüchtiger Bruder in Westberlin studiert. Die Konzeption, Richtlinien und der Aufbau der Untergrundgruppe wurden schriftlich niedergelegt und in einem an den Westberliner Frontstadtchef Brandt gerichteten Brief eingearbeitet.

Aus der Analyse des MfS-Untersuchungsorgans über die Lage der Jugend vom 4. November 1961, S. 20 f. (BStU, ZA, HA IX MF 11845)

Urteil in derselben Sache
(BStU, ZA, AU 6700/62 GA, Bd. 1, Bl. 51 u. 54)

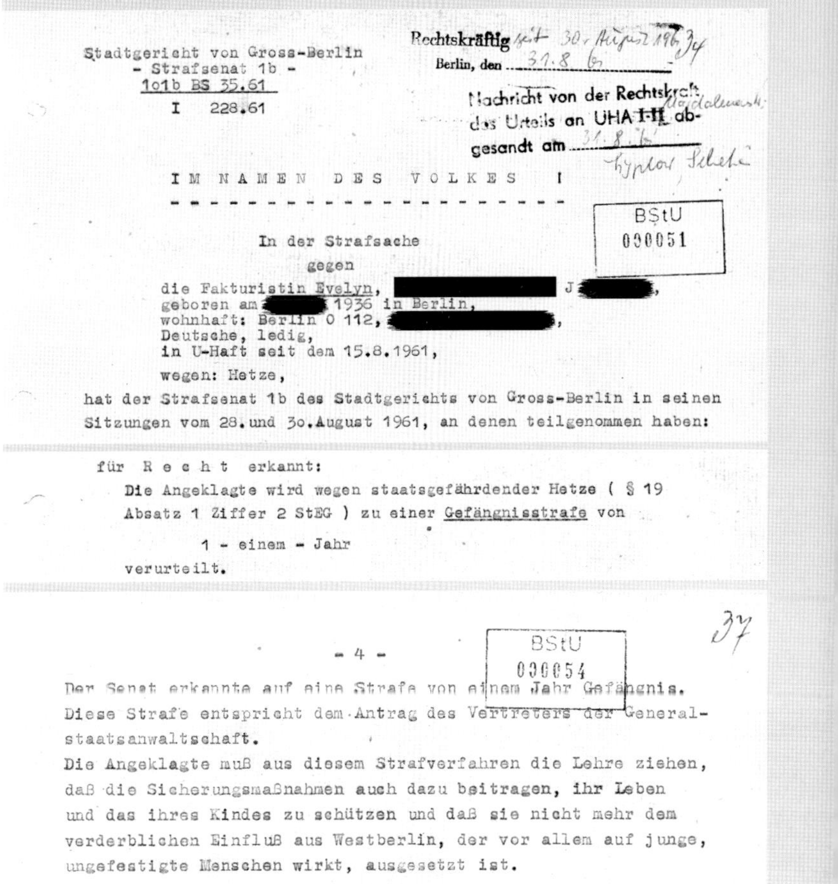

Stadtgericht von Gross-Berlin
- Strafsenat 1b -
1o1b BS 35.61
I 228.61

Rechtskräftig seit 30. August 1961
Berlin, den 31.8.61

Nachricht von der Rechtskraft des Urteils an UHA I-II abgesandt am 31.8.61

BStU
000051

I M N A M E N D E S V O L K E S !

In der Strafsache
gegen
die Fakturistin Evelyn, [redacted] J[redacted],
geboren am [redacted] 1936 in Berlin,
wohnhaft: Berlin O 112, [redacted],
Deutsche, ledig,
in U-Haft seit dem 15.8.1961,
wegen: Hetze,

hat der Strafsenat 1b des Stadtgerichts von Gross-Berlin in seinen Sitzungen vom 28. und 3o. August 1961, an denen teilgenommen haben:

für R e c h t erkannt:

Die Angeklagte wird wegen staatsgefährdender Hetze (§ 19 Absatz 1 Ziffer 2 StEG) zu einer Gefängnisstrafe von

1 - einem - Jahr

verurteilt.

- 4 -

BStU
000054

Der Senat erkannte auf eine Strafe von einem Jahr Gefängnis. Diese Strafe entspricht dem Antrag des Vertreters der Generalstaatsanwaltschaft.

Die Angeklagte muß aus diesem Strafverfahren die Lehre ziehen, daß die Sicherungsmaßnahmen auch dazu beitragen, ihr Leben und das ihres Kindes zu schützen und daß sie nicht mehr dem verderblichen Einfluß aus Westberlin, der vor allem auf junge, ungefestigte Menschen wirkt, ausgesetzt ist.

Deutliche Kritik an der Grenzabsperrung wurde auch in der Kirche laut. Am 17. August beschloß die Berlin-Brandenburgische Kirchenleitung einen an Ulbricht und den Ostberliner Oberbürgermeister Friedrich Ebert gerichteten Protestbrief, der die gewaltsame Abriegelung der Westsektoren kritisierte und eine großzugige Ausstellung von Passierscheinen verlangte. Die Staatssicherheit stellte fest, daß die Mehrzahl der Pfarrer eine »negative« Einstellung zur Grenzsperrung habe und daß sie am 20. August (dem folgenden Sonntag) in ihren Kanzelreden, »teilweise offen, teilweise religiös verschleiert, gegen die Maßnahmen Stellung« bezogen hätten.

Vom 13. August bis zum 4. September 1961 kam es zu insgesamt über 6000 Festnahmen, von denen rund 3100 mit Inhaftierungen endeten. Doch die vom Ministerium für Staatssicherheit im Januar 1962 gezogene Bilanz deutet darauf hin, daß danach Proteste und Widerstand erheblich abnahmen. Neben den Fluchten ist dort von 4000 politischen Delikten und Festnahmen im Zusammenhang mit der Grenzabriegelung die Rede. Fast die Hälfte der Fälle ereigneten sich in Berlin. Mit Abstand folgten Leipzig, Halle und Magdeburg, die zusammen ein weiteres Drittel ausmachten.

Das Abflauen der Proteste war Ausdruck einer verständlichen Resignation. Mit jedem Tag, an dem Grenzbefestigungen höher und undurchlässiger wurden, mußte sich das Gefühl verstärken, gleichsam in einem Gefängnis zu leben und seinen Wärtern ausgeliefert zu sein. Die SED-Politbürokraten nahmen das mit Genugtuung zur Kenntnis. Der Vorsitzende der Zentralen Parteikontrollkommission, Hermann Matern, im Politbüro ein notorischer Scharfmacher, hatte dies schon zwei Wochen nach dem 13. August auf den Punkt gebracht: Spekulationen über das Eingreifen der Amerikaner oder darüber, daß der Aufbau des Sozialismus in der DDR aufgehalten werden könne, müßten jetzt endgültig begraben werden. Das »Wandern zwischen den Grenzen« sei zu Ende. Jeder Mensch müsse nun sagen, »wo er steht«. Entsprechend hart verfuhren Sicherheits- und Justizorgane der DDR in den ersten Monaten nach dem Mauerbau. Die Statistik der Verhaftungen und Verurteilungen stieg bis zum Jahresende steil nach oben.

Oben: FDJ-Aktion gegen das Empfangen von Westsendern (Zentralorgan der FDJ »Junge Welt« vom 4. September 1961)

Unten: Verpflichtung zum Wehrdienst im Rahmen des »FDJ-Aufgebots« (aus: Zur Situation in der Sowjetzone, S. 115)

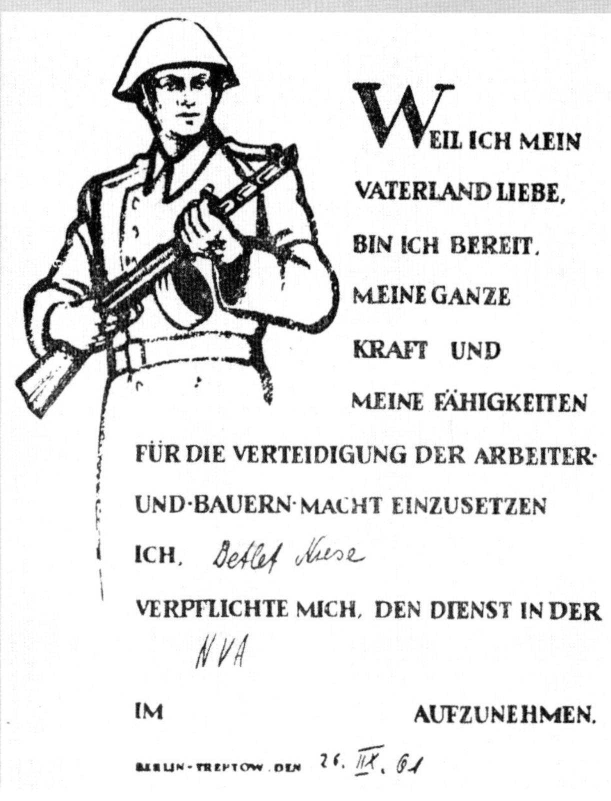

Ministerin Hilde Benjamin macht die Justiz scharf

Jetzt muß, entsprechend dem Beschluß des Staatsrates, sowohl den von feindlichen Agenturen organisierten Verbrechen als auch anderen schweren Verbrechen »mit der ganzen Autorität unseres Staates« entgegengetreten werden. So ist es nicht richtig, wenn einige Gerichte derartige Verbrechen mit Freiheitsstrafen, häufig unter sechs Monaten, bestrafen. [...] Jetzt auftretende Verbrechen wie Hetze, Staatsverleumdung, Spekulation, Rowdytum, Widerstand gegen die Staatsgewalt und die noch immer auftretenden Versuche des Menschenhandels verlangen, insbesondere wenn sie von Provokateuren, Arbeitsbummelanten, ehemaligen Grenzgängern, Schiebern, Vorbestraften begangen werden, daß sie mit Freiheitsstrafen bestraft werden, die auch eine nachhaltige Erziehungswirkung sichern.

Aus der Zeitschrift »Staat und Recht«, Nr. 9 (September) 1961, S. VII ff.

Nachdem die Grenzsperrung erfolgreich verlaufen war, entbehrte es nicht der Konsequenz, daß das Regime als nächsten Schritt versuchte, die Abschottung nach Westen zu vervollständigen und auch eine elektronische Mauer zu errichten. So entfesselte die SED Anfang September 1961 eine Kampagne gegen den Empfang von Westsendern. Unter der Losung »Blitz kontra NATO-Sender« organisierte die Staatsjugend FDJ regelrechte Rollkommandos, die gegen Bürger vorgingen, die westliche Rundfunksender hörten und Westfernsehen sahen. Zumeist stiegen die Jugendlichen auf die Dächer und richteten die Antennen so aus, das kein Westempfang mehr möglich war. Empfänger von Westfernsehen wurden an den Pranger gestellt. Vereinzelt kam es sogar zu »Beschlagnahmungen« von Rundfunk- und Fernsehgeräten.

Der Chefkommentator des DDR-Fernsehens, Karl-Eduard von Schnitzler, argumentiert gegen die »geistigen Grenzgänger«

»Man muß auch die andere Seite hören, um sich eine richtige Meinung bilden zu können!« Welch ein Unsinn! Lernen wir in der Schule erst falsch rechnen, um dann richtig zu rechnen? Schlucken wir Gift, um auszuprobieren, ob Arzt oder Apotheker auch wirklich recht haben? [...]

Es ist ein Irrtum zu glauben, das Bild sei richtig, das entsteht, wenn man hierhin hört und dorthin hört und von diesem etwas nimmt und von jenem etwas nimmt und sich dann daraus »ein eigenes Bild« macht und dann gar behauptet, man sei »objektiv«. [...]

Westfernsehen und RIAS sind Schmutzkübel, die täglich über unseren Staat entleert werden. Kommt man der Wahrheit näher, wenn man Schmutzkübel zum Vergleich heranzieht?«

Zit. nach Rühle/Holzweißig, 13. August 1961, S. 117.

Auch auf anderen Ebenen versuchte die SED jetzt Dinge durchzusetzen, die vor dem Mauerbau aus taktischen Gründen zurückgestellt worden waren. So ließ sie ihre Jugendorganisation schon wenige Tage nach der Grenzabriegelung, am 16. August, das »FDJ-Aufgebot« für einen »freiwilligen« Dienst in den bewaffneten Kräften verkünden. Unter der Losung »Das Vaterland ruft – schützt die sozialistische Republik« – wurden die Mitglieder massiv bedrängt, sich zu verpflichten. Wer sich dem Ansinnen zu entziehen suchte, mußte mit allerlei Schikanen und der öffentlichen Bloßstellung rechnen. Wenige Monate später, im Januar 1962, wurde dann die allgemeine Wehrpflicht eingeführt. Auf das FDJ-Aufgebot vom August folgte am 6. September 1961 das »Produktionsaufgebot.« Es beinhaltete die Forderung: »In der gleichen Zeit für das gleiche Geld mehr produzieren«

BANNER DER ARBEIT

TRIBÜNE

FDGB

ORGAN DES BUNDESVORSTANDES DES FDGB

17. Jahrg. Nr. 212 B | Berlin, Dienstag, 12. September 1961 | 10 Pf (monatl. 2,40 DM)

Außerordentliche Tagung des Präsidiums des Bundesvorstandes des FDGB mit Werktätigen aus den Betrieben

Die Gewerkschaften übernehmen die Führung des Produktionsaufgebotes

Gewerkschaftsgruppen und Brigaden erklären: Wir werden in der gleichen Zeit für das gleiche Geld mehr produzieren!

- Das Produktionsaufgebot ist das wichtigste Kampfmittel der Arbeiterklasse zur Stärkung der DDR und zur Durchsetzung des Friedensvertrages
- Die Gewerkschafter des VEB Elektrokohle zeigen, was es heute heißt, sozialistisch zu arbeiten
- So planmäßig und präzise wie Gagarins und Titows Weltraumflüge, so muß das Produktionsaufgebot von den Gewerkschaften geleitet werden
- Das Produktionsaufgebot ist Klassenkampf, es erfordert in jeder Gewerkschaftsgruppe Auseinandersetzungen, um das Klassenbewußtsein zu stärken
- Mit dem Produktionsaufgebot soll der Wettbewerb eine neue, höhere Qualität erreichen und nach Maß geführt werden
- Es ist Pflicht der Gewerkschaften, das Produktionsaufgebot zur Sache der ganzen Klasse zu machen
- In der letzten Woche vor der Wahl: Jeder Gewerkschafts-, Wirtschafts- und Staatsfunktionär hilft den Werktätigen am Arbeitsplatz, das Produktionsaufgebot erfolgreich zu beginnen und sozialistische Taten für die Stärkung der DDR zu vollbringen!

Die Staatsgewerkschaften fordern Mehrarbeit in den Betrieben (aus: Zur Situation in der Sowjetzone, S. 133)

Erich Mielke (2. v. l.) inspiziert die
Berliner Mauer

Ausbau der Grenzsicherung und Zwangsaussiedlungen

In den Monaten nach dem Mauerbau profilierte sich das MfS mit Vorschlägen und Maßnahmen zur Verhinderung von »Grenzdurchbrüchen«. Ende Oktober wurde eine Expertenkommission gebildet, die die Berliner Grenzabschnitte Süd, Mitte und Nord abschritt, um weitere fluchtverhindernde Maßnahmen zu treffen. Empfohlen wurden Umsiedlungen, der Bau von Unterwassersperren sowie weitere Brücken- und Straßensperren und die »Schaffung eines Schußfeldes mit einer Tiefe von 20 bis 100 Metern entsprechend der örtlichen Lage«. Ergänzend veranlaßte der Stellvertreter Mielkes, Generalmajor Bruno Beater, im Dezember 1961, alle unterirdischen Verbindungen zwischen West- und Ostberlin sowie Potsdam zu erfassen.

Gleichzeitig erging der Auftrag, für die Grenzregionen ständige Stimmungsanalysen anzufertigen und das Netz der inoffiziellen Mitarbeiter im gesamten Grenzgebiet zu verstärken und zu »qualifizieren«. In diesem Zusammenhang steht auch die Übernahme der Abteilung »Aufklärung« der Grenztruppen in die für »Militärabwehr« zuständige Hauptabteilung I des MfS. Damit befand sich nunmehr die gesamte geheimdienstliche Tätigkeit vor und hinter der innerdeutschen Grenze in der Hand der Staatssicherheit.

Im Frühjahr 1962 wurde im MfS eine Arbeitsgruppe Paßkontrolle und Fahndung (APF) ins Leben gerufen, die das Arbeitsfeld der Paßkontrolle vom Amt für Zoll und Kontrolle des Warenverkehrs (AZKW) übernahm. Auf diese Weise sollte das von der Staatssicherheit erworbene Know-how im Erkennen von gefälschten Dokumenten voll und ganz auch der Fluchtbekämpfung zugute kommen. Die gleichzeitig gebildete Untergruppe »Fahndung unterwegs« hatte gemeinsam mit örtlichen Organen dafür zu sorgen, daß die Überwachung von Ortschaften und Rastplätzen an den Transitstrecken von »politisch zuverlässigen Bürgern« unterstützt wurde. Die APF richtete Stützpunkte an der Autobahn ein, baute ein Nachrichtensystem an den Transitstrecken sowie

Generalmajor Bruno Beater, Stellvertreter des Ministers für Staatssicherheit

Kontroll- und Beobachtungspunkte an der »Staatsgrenze Berlin« auf und führte gemeinsam mit der Volkspolizei Streifengänge durch.

Die Hauptabteilung V/5 des MfS, die von jeher »Feinde« in der Bundesrepublik und Westberlin zu bearbeiten hatte, erhielt jetzt auch die Federführung bei der Bekämpfung von »Grenzprovokationen« und der westlichen

Aus »Brandenburgische Neueste Nachrichten« vom 7. September 1961

Lektion für Unverbesserliche

Aus Klein Glienicke wurden Provokateure umgesiedelt

Vor dem Ausschuß der Nationalen Front in Klein Glienicke mußten einige Bürger dieses Ortsteiles unserer Stadt Rede und Antwort stehen, die als Schieber, ehemalige Grenzgänger und RIAS-Hörer ihr Unwesen trieben. Sie konnten sich nicht an Ruhe und Ordnung, die wir an unseren Grenzen geschaffen haben, gewöhnen.

Zu ihnen gehörte auch Frau Frieda Hasselmann. Bei der Aussprache benahm sie sich herausfordernd und frech. Sie glaubte mit Lügen, Grenzdurchbrüchen und Widerstand gegen die Staatsgewalt, die ihr 18 Jahre alter Sohn beging, der trotz Einladung zu der Aussprache nicht erschienen war, zu ignorieren. Natürlich ließen sich die Klein Glienicker Einwohner das nicht gefallen. Sie schlugen einmütig unseren staatlichen Organen vor, Frau Hasselmann und ihre Familie aus dem Grenzgebiet auszuweisen, weil es nicht länger zu verantworten ist, daß sie dort weiter wohnt.

Diesem Vorschlag wurde stattgegeben und die Umsiedlung unverzüglich vorgenommen. Die gleiche Maßnahme wurde bei einigen weiteren Unsicherheitskandidaten vorgenommen. Dem VEB Güterkraftverkehr halfen bei der Umsiedlung auch einige Arbeiter des VEB Montagebau, die zur Zeit Sicherungen an unseren Grenzen errichten. Ihre Meinung: „Es war höchste Zeit. Je schneller die hier weg sind aus Klein Gienicke, um so ruhiger können die anderen arbeiten".

Fluchthilfe übertragen. Sie sollte sicherstellen, daß die im Gesamtapparat der Staatssicherheit vorhandenen Erkenntnisse systematisch genutzt und spezifisch geeignete inoffizielle Mitarbeiter – im Osten wie im Westen – optimal eingesetzt wurden.

Wie schon 1952, versuchte das Regime auch 1961 das Grenzvorfeld in den Griff zu bekommen. Schon am 20. September 1961 wurden auf der Sitzung des zentralen Stabes im Hinblick auf die unmittelbar an der Sektorengrenze liegenden Häuser der Bernauer und Harzer Straße »entschiedene Maßnahmen« gefordert. Solange die 700 Häuser noch nicht vollständig geräumt seien, müsse zumindest dafür gesorgt werden, daß alle »unzuverlässigen Elemente« durch den Einsatz von Kampfgruppen in Zivil umgesiedelt werden.

Auf der Grundlage eines Befehls des DDR-Innenministers Maron vom 1. September 1961 lief eine abermalige Säuberung von politisch unzuverlässigen Personen aus den Regionen an der innerdeutschen Grenze an. Nach einem Probelauf am 30. August im Bezirk Schwerin, von dem 162 Bürger betroffen waren, und Räumungsaktionen im Berliner Raum, die sich über einen längeren Zeitraum erstreckten, wurde die eigentliche Aktion mit dem zentralen Codenamen »Festigung« am 3. Oktober durchgeführt. Rund 3000 Menschen aus 26 Grenzkreisen mußten an diesem Tag stehenden Fußes ihre Häuser verlassen, ohne vorher auch nur den geringsten Hinweis erhalten zu haben. Der Zynismus der Akteure zeigte sich schon allein bei der Wahl der regionalen Codenamen für die Aktion. Sie lauteten »Neues Leben« (Magdeburg), »Frische Luft« (Karl-Marx-Stadt) sowie »Kornblume« (Erfurt) und »Blümchen« (Suhl).

Befehl zur Säuberung der Grenzgebiete

Aus dem Bereich der 5-km-Sperrzone und des 500-m-Schutzstreifens sind auszuweisen:

a) ehemalige Angehörige der SS, unverbesserliche Nazis, ehemalige Ortsbauernführer, Personen, die durch ihre reaktionäre Einstellung den Aufbau des Sozialismus hindern, sowie Personen, die ihrer Einstellung nach und durch ihre Handlungen eine Gefährdung für die Ordnung und Sicherheit im Grenzgebiet darstellen;

b) Erstzuziehende aus Westdeutschland und Westberlin;

c) Rückkehrer aus Westdeutschland und Westberlin, die bisher noch nicht durch gute Arbeitsleistungen ihre Verbundenheit zur Deutschen Demokratischen Republik unter Beweis gestellt haben und die bei der Eingliederung in das gesellschaftliche Leben große Schwierigkeiten bereiten;

d) Personen, die als Grenzgänger aufgefallen sind oder die Arbeit der Deutschen Grenzpolizei erschwerten oder behinderten, darunter fallen arbeitsscheue und asoziale Elemente, HwG-Personen usw.;

e) alle Personen, die der polizeilichen Meldepflicht nicht nachgekommen sind bzw. bewußt versucht haben, die Meldepflicht zu umgehen;

f) Ausländer und Staatenlose.

Die in enger Gemeinschaft lebenden Angehörigen der unter a – f genannten Personen sind mit auszuweisen.

Aus dem Befehl des Ministers des Innern vom 1. September 1961 (zit. nach Bennewitz/Potratz: Zwangsaussiedlungen, S. 255)

Grenzstreifen zwischen den Berliner
Bezirken Neukölln (West) und
Treptow (Ost) im Spätherbst 1961

In den Bezirks- und Kreiskommissionen der Grenzbezirke sorgten die Vertreter des MfS dafür, daß die »richtigen Leute« ausgewählt wurden, das heißt die Personen, die unter staatssicherheitspolitischen Gesichtspunkten unzuverlässig waren. Das Ziel war »die Bereinigung der Grenzkreise von allen Unsicherheitsfaktoren«. Auch bei der Aktion selbst waren in jeder »Handlungsgruppe« MfS-Offiziere beteiligt. Später schätzte die Staatssicherheit ein, daß ihre Mitarbeiter »praktisch die Leitung dieser Gruppen übernahmen« und es im wesentlichen ihr Verdienst war, »daß von den Handlungsgruppen eine einwandfreie Arbeit geleistet wurde«.

Maßregeln für die Volkspolizisten

Nach Bekanntgabe des Beschlusses ist auf das Verhalten der zur Aussiedlung kommenden Personen zu achten. Es ist zu verhindern, daß es zu irgendwelchen Vorkommnissen kommt.
Bei Abwesenheit von Personen, die zur Aussiedlung vorgesehen sind, ist festzustellen, wo sich dieselben aufhalten. Der Stab ist sofort zu verständigen.
Nach Überprüfung der Anwesenheit der Personen sind die P[ersonal]A[usweis]e einzuziehen.
Bei Einziehung der P[ersonal]A[usweis]e ist in jedem Fall der Sperrzonenstempel ungültig zu machen (mit Tinte streichen) und danach an die Betreffenden wieder zurückzugeben.

Zwangsräumung in einer Laubenkolonie an der Sektorengrenze zwischen den Berliner Bezirken Reinickendorf (West) und Pankow (Ost), September 1961

Menschenansammlungen sind zu verhindern. Bei Auftreten negativer Elemente sind diese zu isolieren. Leistet der Betroffene Widerstand gegen die Durchführung des Beschlusses, ist auf der Grundlage des P[olizei]V[erwaltungs]G[esetzes] zu verfahren.
Es ist zu verhindern, daß Fotoaufnahmen gemacht werden. Bei bereits getätigten Aufnahmen sind die Personalien des Betreffenden festzustellen und die Filme einzuziehen.
Bei Räumung der Wohnung ist auf illegalen Waffenbesitz, Schundliteratur, Warenhortung usw. zu achten. Bei dringendem Verdacht einer strafbaren Handlung ist der Verdächtige festzunehmen.

Aus der Anweisung des Stabes des Volkspolizeikreisamtes Grevesmühlen vom 20. September 1961 (BStU, ZA, AS 75/65, Bd. 2, Bl. 66)

Zwangsaussiedlung am 3. Oktober 1961 in Tripkau (Mecklenburg)

Einige Genossen drücken sich

Bei den Agitationsgruppen gab es einige Fälle, wo Genossen vor der Aufgabenstellung durch die K[reis]E[insatz]L[eitung] zurückwichen, indem sie sich weigerten, an diesen Einsätzen teilzunehmen.
Im Kreis Mühlhausen gab es sieben Genossen, die in Agitationsgruppen eingewiesen waren, wobei der Genosse Wolfgang K. und Hans B. vom VEB Kammgarnspinnerei sowie der Genosse Erwin B. von der Transportgemeinschaft Mühlhausen den Einsatz kategorisch ablehnten.
Die restlichen vier Genossen waren überhaupt nicht erschienen.
Der O[rts]P[artei]O[rganisations]-Sekretär W. aus Geismar sympathisierte mit dem dort auszusiedelnden Gastwirt Alfred M., was diesen in seinem passiven Widerstand bestärkte.
Durch das Eingreifen der Kreisleitung der Partei wurde W. sofort an Ort und Stelle als O[rts]-P[artei]O[rganisations]-Sekretär seiner Funktion entbunden und kam als Verantwortlicher aus der Aktion »Festigung« in Geismar heraus.
Der Einsatzleiter vom HO-Kreisbetrieb Heiligenstadt, Gen[osse] S., betrank sich vor Durchführung der Aktion, obwohl ihm bereits seine Aufgaben zugeteilt waren, so daß er nicht eingesetzt werden konnte.

Aus dem Bericht der Bezirksverwaltung Erfurt an die Zentrale Informationsgruppe des MfS vom 4. Oktober 1961 (BStU, ZA, AS 75/65, Bd. 2, Bl. 321)

In Analogie zur Grenze zu Westdeutschland wurde gemäß Beschluß des Nationalen Verteidigungsrates vom 11. Januar 1962 auch in Berlin eine Grenzordnung mit einem Sperrgebiet eingeführt. Soweit es die Lage vor Ort zuließ, schuf man einen zehn Meter breiten »Kontrollstreifen« sowie eine bis zu 500 Meter breite Sicherheitszone. In bebautem Gelände sollte sie in der Regel bis zu 100 Meter Breite umfassen. Das Betreten des Kontrollstreifens war verboten. Der ständige oder zeitweilige Aufenthalt in der Sicherheitszone bedurfte einer besonderen Genehmigung bzw. eines Passierscheines. Der Grenzordnung fielen eine ganze Reihe von Einrichtungen, vor allem Gaststätten und Läden sowie auch Kleingartenanlagen, zum Opfer. Mit dieser »Bereinigung« der Grenzbereiche wurde schon im Herbst 1961 begonnen. Am 30. Mai 1962 beschloß der Nationale Verteidigungsrat dann förmlich, »zur Schaffung übersichtlicher Geländeabschnitte« Laubenkolonien abzureißen.

Der Bereitschaftspolizist Konrad Schumann springt an der Bernauer Straße in den Westteil der Stadt, 15. August 1961

Fluchten durch die Absperrung

Die Sperrmaßnahmen vom 13. August 1961 rissen von heute auf morgen Familien, Liebespaare und Freunde gewaltsam auseinander und lösten Verzweiflung und Empörung bei den Betroffenen aus. Sie veranlaßten Menschen zu Handlungen, die sie sich bis dahin wohl kaum selbst zugetraut hätten. Einige gingen unkalkulierbare Risiken beim Versuch ein, die Grenzsperren zu überwinden. Andere entwickelten ungeahnte Phantasie und Energie, um einen Nahestehenden über die Grenze zu schleusen. Studenten wurden zu Paßfälschern und Tunnelgräbern, ordnungsliebende Bürger zu Gesetzesbrechern und Grenzpolizisten zu Deserteuren.

In den Monaten August und September gab es im Sperrsystem noch erhebliche Lücken. Allein am 13. August schwammen 26 Menschen durch den Teltow-Kanal in den Westen. Für die erste Woche nach der Grenzabriegelung meldete Honeckers zentraler Einsatzstab 216 gelungene Fluchten, bei denen über 400 Personen entkamen. Darunter befanden sich auch 41 Personen, die die direkt an der Sektorengrenze gelegenen Häuser in der Bernauer, Harzer und Hoyerswerdaer Straße zur Flucht genutzt hatten. Hier standen die Gebäude im Ostsektor, die Straße gehörte schon zum Westen.

Je besser die Fluchtlöcher gestopft wurden, um so stärker entfaltete sich die Phantasie der Fluchtwilligen und ihrer Helfer bei der Überwindung der Sperranlagen. Anfänglich gelang es noch einigen, mit westlichen Personaldokumenten, deren Paßfotos Ähnlichkeiten mit ihnen aufwiesen, durch die Grenzkontrollen zu kommen. Vor allem Westberliner Studenten schleusten auf diese Weise zahlreiche ehemalige Kommilitonen, die als »Grenzgänger« besonders hart von der Grenzsperrung betroffen waren, aus der DDR. Als diese Methode nicht mehr funktionierte, weil die Ausweiskontrollen genauer wurden, verwendete man gefälschte westliche Ausweise, an deren Herstellung offenbar auch Beamte westdeutscher Meldebehörden beteiligt waren. Im Herbst 1961 tauchten dann zunehmend gefälschte Ausweise aus dem Ausland, vor allem der Schweiz und Österreich, aber auch aus Frankreich, Holland und Schweden, ja sogar aus Griechenland, auf.

Fenstersprünge aus einem Haus an der Bernauer Straße

Von Anfang an wurden auch Fahrzeuge speziell für Fluchtvorhaben präpariert. Erst mit der Zeit bekamen die DDR-Grenzkontrolleure Routine beim Aufspüren der unterschiedlichsten Hohlräume in PKWs und LKWs, die als Verstecke für Flüchtlinge genutzt wurden.

Schleusungsfahrzeug mit Versteck hinter der Rückbank

Doch nicht nur über dem Erdboden, auch darunter wurden Fluchtwege gesucht und gefunden. Anfangs nutzte man das unterirdische Labyrinth der Berliner Kanalisation. Nachdem diese Wege durch schwere Gitter versperrt worden waren, nahmen einige das waghalsige und mühevolle Unterfangen in Angriff, Tunnel durch das Erdreich unter der Sektorengrenze zu graben. Die meisten Stollen wurden von Westen aus gegraben; vor allem Studenten der Freien und der Technischen Universität in Westberlin engagierten sich in selbstloser Weise bei diesen Aktivitäten. Aber es gab auch Tunnelgrabungen in die andere Richtung, die naturgemäß unter noch schwierigeren Bedingungen durchgeführt wurden.

Eine der spektakulärsten Tunnelfluchten ereignete sich am 14. September 1962. In monatelanger Arbeit hatten zahlreiche Helfer einen knapp 6 Meter tief gelegenen und 126 Meter langen Tunnel unter der Sektorengrenze an der Bernauer Straße gegraben. Die Arbeiten wurden vom amerikanischen Fernsehsender CBS finanziert, der am Tag der erfolgreichen Flucht auf der Westberliner Seite mit einem Kamerateam bereitstand, das die Ankunft der 29 Ostdeutschen auf Zelluloid festhielt. Der außergewöhnliche Dokumentarfilm erregte in den USA höchstes Aufsehen. In diesem Fall wie auch in vielen ähnlichen Fällen ging es vor allem darum, getrennte Familien, Verlobte und Freunde zusammenzuführen.

Als besonders motivierte Fluchthelfer erwiesen sich ehemalige DDR-Bürger. Dazu gehörten auch diejenigen, die sich am 13. August 1961 besuchsweise oder beruflich im Westen aufgehalten hatten und eine schwerwiegende Entscheidung treffen mußten. Sollten sie zurückgehen zu Angehörigen und Freunden hinter die Grenzsperre und ihre Freiheit dafür aufgeben oder sollten sie dableiben und auf Menschen, die ihnen nahestanden verzichten. Wie viele Ostdeutsche in diesen Tagen und Wochen einfach im Westen geblieben sind, ist schwer rekonstruierbar. Das Verhältnis der vom 13. August bis 31. Dezember 1961 erfaßten 8507 »Sperrbrecher« zur Gesamtzahl der 51 624 in dieser Zeit als Flüchtlinge Registrierten, läßt jedoch auf einen erheblichen Anteil von sogenannten »Verbleibern« schließen.

Der Bau der Berliner Mauer steigerte den Anteil der Personen, die jetzt wieder über die innerdeutsche Grenze

Rechts: Überwachung der Kanalisation

Unten: Das MfS überprüfte (mit negativem Ergebnis), ob es von dem direkt an der Sektorengrenze gelegenen »Haus der Ministerien« (ehemaliges Reichsluftfahrtministerium) unterirdische Verbindungen in den Westteil der Stadt gab

flohen, wobei viele dieser Flüchtlinge aus den Grenzbezirken stammten. Die Zwangsaussiedlungen hatten hier als Katalysator gewirkt. Schätzungen gehen dahin, daß von dieser Maßnahme bis Ende 1961 die Flucht von etwa 3000 Menschen ausgelöst wurde.

Schon vor dem Mauerbau war die Anzahl der Fahnenfluchten in den »bewaffneten Organen« beträchtlich. Vom 1. Januar bis zum 12. August 1961 flohen insgesamt 338 Soldaten und Polizisten in den Westen. Nach dem 13. August wurden die Desertionen für das SED-Regime zu einem ernsten Problem. Gerade die aufgebotenen Grenzsoldaten nutzten – trotz strenger militärischer Disziplin und intensiver politischer Indoktrinierung – in einem erstaunlich hohen Maße ihre Möglichkeiten zur Flucht. An das von der Regimepropaganda aufgerichtete Bild der »Friedensgrenze« mochten manche angesichts der Erfahrungen, die sie täglich bei ihrem Einsatz machten, nicht glauben. Schon in der ersten Woche nach der Grenzsperrung hatten sich 24 im Grenzdienst um Westberlin eingesetzte DDR-Uniformierte in den Westen abgesetzt. Der berühmte Sprung des Oberwachtmeisters der Bereitschaftspolizei, Konrad Schumann, über den Stacheldrahtverhau an der Bernauer Straße am 15. August, den ein geistesgegenwärtiger Fotograf mit seiner Kamera festhielt, war keineswegs ein Einzelfall.

Die Staatssicherheit sorgt sich um die Moral der Grenzpolizisten

Die Ursachen der hohen Anzahl der Fahnenfluchten sind vor allem darin zu sehen, daß die Politorgane es nicht verstanden haben, den gegnerischen Einflüssen genügend wirksam entgegenzutreten und die B[ereitschafts]P[olizei]-Angehörigen entsprechend ihrer verantwortlichen Aufgabe zu erziehen. Bei dem größten Teil handelt es sich um junge, noch unerfahrene Menschen, die erst kurze Zeit ihren Dienst in den bewaffneten Organen erfüllen und besonders an der Staatsgrenze nach Westberlin einer ständigen konzentrierten Beeinflussung durch den Gegner ausgesetzt sind.

> Besonders in der 2. Grenzbrigade ist festzustellen, daß 50 % der Fahnenflüchtigen erst 1961 (vorwiegend aus dem FDJ-Aufgebot nach dem 13.8.1961) eingestellt wurden. [...]
> Aus den bisherigen Feststellungen ergibt sich auch, daß ein Teil der Personen aus dem FDJ-Aufgebot nur deshalb zu den bewaffneten Organen ging, um eine Fluchtmöglichkeit nach dem Westen zu finden.
>
> Aus einem MfS-Bericht vom 12. Februar 1962 (BStU, ZA, ZAIG 545, Bl. 17 f.)

Die Unmenschlichkeit der Grenzabsperrung zeigte sich vor allem dann, wenn Fluchtversuche scheiterten und Menschen dabei verletzt wurden oder gar zu Tode kamen. Noch im August 1961 mußten in Berlin sechs Menschen ihren Fluchtversuch mit dem Tod bezahlen. Die ersten Toten gab es bei den Fenstersprüngen aus den Häusern an der Bernauer Straße. Am 19. August stürzte dort Rolf Urban in den Tod, drei Tage später die fast sechzigjährige Ida Siekmann. Daß selbst die achtzigjährige Olga Segler diesen waghalsigen Fluchtweg wählte, zeugt von einer verzweifelten Situation. Auch sie sprang am 25. September aus dem zweiten Stock ihrer in der Bernauer Straße gelegenen Wohnung in den Tod.

Ende August kam es auch zu den ersten Todesschüssen an der abgesperrten Berliner Sektorengrenze. Am 24. August wurde der 25jährige Schneider Günter Litfin beim Versuch, durch den in Berlin-Mitte gelegenen Humboldthafen nach Westberlin zu schwimmen, erschossen (ausführlich im Kapitel Fluchtschicksale). Fünf Tage später, am 29. August, trafen die tödlichen Kugeln in einem fast identischen Fall den 27jährigen Arbeiter Roland Hoff, der versucht hatte, durch den Teltow-Kanal in den Westen zu kommen.

Nicht weniger tragisch verlief der Fluchtversuch des 22jährigen Bernd Lünser, der am 4. Oktober über das Dach eines Hauses in der Bernauer Straße in den Westen gelangen wollte, aber von einem Grenzposten entdeckt und beschossen wurde und daraufhin in den Tod sprang.

Fluchten aus der DDR nach dem Mauerbau

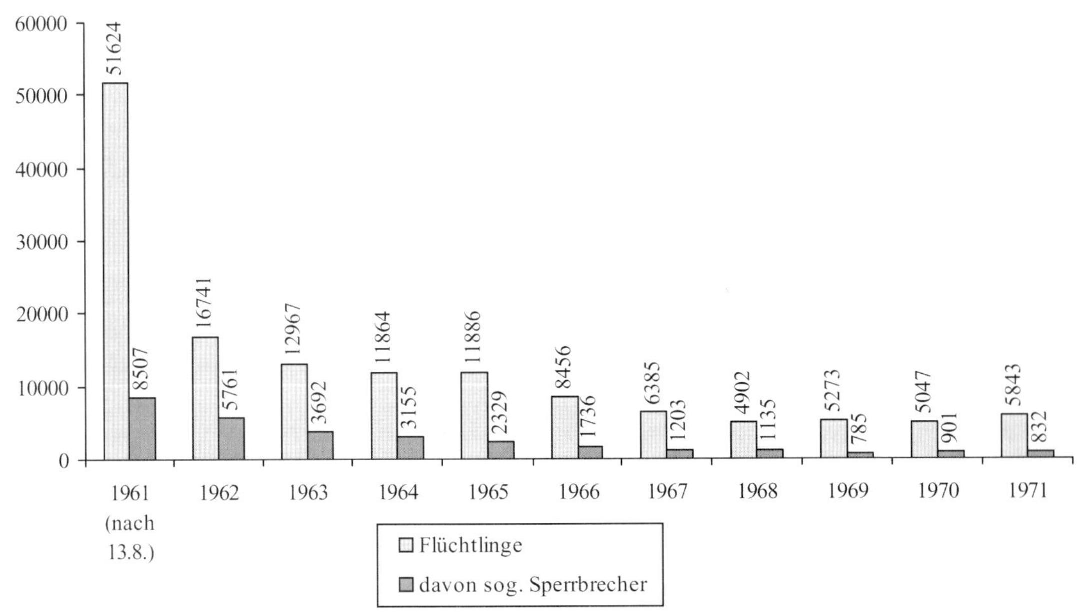

Quelle: DDR-Handbuch, Bd. 1, S. 419

Verhaftung von zwei Männern nach
einem Fluchtversuch, August 1962

Fahnenfluchten vom 13. August bis zum 31. Dezember 1961

Nationale Volksarmee	16
Grenzpolizei/Grenztruppen	158
Wachregiment des MfS	1
Bereitschaftspolizei	165
(davon 1. und 2. Grenzbrigade Berlin)	(152)
Volkspolizei	7
Transportpolizei	10
Amt für Zoll und Kontrolle des Warenverkehrs	4
Insgesamt	361

Quelle: BStU, ZA, ZAIG 545, Bl. 9 u. 16

Gescheiterte »Grenzdurchbrüche« mit Festnahme vom 13. August bis 31. Dezember 1961

	Anzahl	Anteil
Zu Fuß	2221	73 %
Mit der Bahn	335	11 %
Mit Kfz	244	8 %
Auf dem Seeweg	114	4 %
Durchschwimmen von Grenzgewässern	96	3 %
Kanalisation	31	1 %
Insgesamt	3041	100 %

Quelle: BStU, ZA, HA IX 11853, Bl. 2

Am darauffolgenden Tag ertrank der 25jährige Udo Düllick beim Versuch, an der Oberbaumbrücke durch die Spree in die Freiheit zu schwimmen.

Im Jahr des Mauerbaus fanden insgesamt 27 Flüchtlinge den Tod, 23 in Berlin und jeweils zwei an der innerdeutschen Grenze und beim Versuch, über die Ostsee in den Westen zu gelangen. Im Jahre 1962 stieg die Zahl der umgekommenen Flüchtlinge dann auf 76 und erreichte damit einen Höhepunkt. Die Verlagerung des Fluchtgeschehens zurück an die West- und Seegrenze läßt sich auch an den Todesfällen in diesem Jahr ablesen. 29 Tote waren in Berlin, 32 an der innerdeutschen Grenze und 15 an der Ostsee zu beklagen. Zu den Opfern der Mauer zählten 1962 auch fünf Grenzsoldaten, die durch Schüsse an der Grenze zu Tode kamen.

Nicht alle gescheiterten Fluchtversuche endeten tragisch, aber auch unter denjenigen, die mit heiler Haut davonkamen, waren viele, die einen hohen Preis für ihre Absicht zahlen mußten, dem »Arbeiter-und-Bauern-Staat« den Rücken zu kehren: Gefängnisstrafen, Vermögensentzug und vielfältige Diskriminierungen erwarteten sie. Vom 13. August bis Ende des Jahres 1961 wurden rund 3 700 Personen wegen »Verstoßes gegen das Paßgesetz« festgenommen. Hinzu kamen über 110 Personen, die wegen angeblicher »Abwerbungen« und der Benutzung gefälschter Pässe in Haft gerieten.

Der Einfallsreichtum und die Zielstrebigkeit mancher Fluchtwilligen kannten buchstäblich keine Grenzen. Am 5. Dezember 1961 durchbrachen der 27jährige Lokführer Harry Deterling und der 18jährige Heizer Hartmut Lichy mit einem unter Volldampf gesetzten Personenzug die Absperrungen des DDR-Endbahnhofes Albrechtshof und gelangten so in den Westberliner Bezirk Spandau. 24 der 32 Fahrgäste waren in das Vorhaben eingeweiht. Deterling hatte neben seiner siebenköpfigen Familie zahlreiche Bekannte zum »letzten Zug in die Freiheit« eingeladen. Während des Durchbruches hatten sie sich auf

Rechts: Fluchtzug, mit dem Harry Deterling nach Berlin-Spandau durchbrach

Unten: MfS-Foto von der »Friedrich Wolf« nach der Rückführung

den Boden gelegt - unerreichbar für die Feuersalven der Grenzposten. Ein zufällig sich im Zug befindendes 17jähriges Mädchen blieb spontan im Westen; sie war durch den Mauerbau von ihren Eltern getrennt worden. Die anderen, darunter der Zugführer, ein Polizist und zwei Soldaten, kehrten in die DDR zurück.

Noch spektakulärer verlief die Entführung der »Friedrich Wolf«, eines Ausflugsdampfers der Ostberliner »Weißen Flotte«, am 8. Juni 1962. Unter der Anleitung des zwanzigjährigen Bootsmannes Peter Currle war auch diese Fluchtaktion gemeinschaftlich geplant worden. Zunächst hatten die Fluchtwilligen den Kapitän und seinen 1. Maschinenmeister mit einem Trinkgelage außer Gefecht gesetzt. Dann nahm das Schiff unter dem Kommando von Currle Kurs auf den Osthafen - zum Schluß in Begleitung eines Wachbootes der Grenzpolizei. Kurz vor der Hafeneinfahrt bog es jedoch plötzlich scharf und mit voller Fahrt in Richtung Westberliner Landwehrkanal ab. Aus dem Patrouillenboot und von der nahegelegenen Oberbaumbrücke, auf der Maschinengewehrschützen postiert waren, wurde sofort Trommelfeuer auf die »Friedrich Wolf« eröffnet. Mit 135 Schußeinschlägen landete die »Friedrich Wolf« schließlich am Westberliner Ufer, nachdem ihr von westlicher Seite aus Feuerschutz gegeben worden war. Die 14 Flüchtlinge konnten das Schiff wohlauf verlassen.

Bergung des erschossenen Günter Litfin
aus dem Humboldthafen, 24. August 1961

Fluchtschicksale

Der erste Todesschuß fällt am Humboldthafen

Es war am 24. August 1961, kurz nach 16.00 Uhr. Günter Litfin ging unweit der Universitätsklinik »Charité«, von Norden kommend, am Alexanderufer den Schiffahrtskanal entlang. An dieser Stelle bildet der etwas weiter im Süden von der Spree abgehende Kanal eine Ausbuchtung, »Humboldthafen« genannt. Das Wasser gehörte an dieser Stelle noch zum Ostsektor; das andere Ufer lag schon im Westen. Als Litfin unter der Eisenbahnbrücke durchging, die den Humboldthafen von Ost nach West überspannt, wurde er von Transportpolizisten entdeckt, die auf der Brücke postiert waren. Einer der Uniformierten schrie sofort: »Stehenbleiben!«. Litfin zuckte zusammen und begann auf den ersten Anlegesteg zuzulaufen. Der Transportpolizist gab daraufhin mehrere Schüsse Einzelfeuer aus seiner Maschinenpistole ab. Der Flüchtende ließ sich davon aber nicht beirren; als er den Steg erreicht hatte, sprang er sofort ins Wasser. Er war ein guter Schwimmer, trotz Kleidung schwamm er mit kräftigen Stößen parallel zur Eisenbahnbrücke in Richtung Westen. Einer der Polizisten lief auf der Brücke in westliche Richtung und feuerte mit seiner Dienstpistole von der Seite mehrmals in die Richtung des Schwimmers. Litfin war bereits 25 Meter vom Ufer entfernt. Da stellte der andere seine automatische Waffe auf Dauerfeuer um und schoß zuerst drei Schuß »Sperrfeuer« vor den Flüchtenden. Unmittelbar danach gab er »einen gezielten MPi-Feuerstoß« ab – wie es im MfS-Bericht vom 31. August an Erich Honecker hieß. Günter Litfin versank im Wasser. Er war tödlich getroffen, eine Kugel war in seinem Genick eingeschlagen und am Kinn wieder ausgetreten.

Drei Stunden später barg ihn die Ostberliner Feuerwehr aus dem Wasser des Humboldthafen. Am Westberliner Spreeufer waren die Schüsse gehört worden, und dort hatten sich inzwischen etwa 300 Personen versammelt, um die Bergung zu beobachten. Was seit dem 13. August von vielen befürchtet worden war, war eingetreten: ein gezielter Todesschuß auf einen wehrlosen Flüchtling. Die Mauer hatte ihr erstes Gewaltopfer.

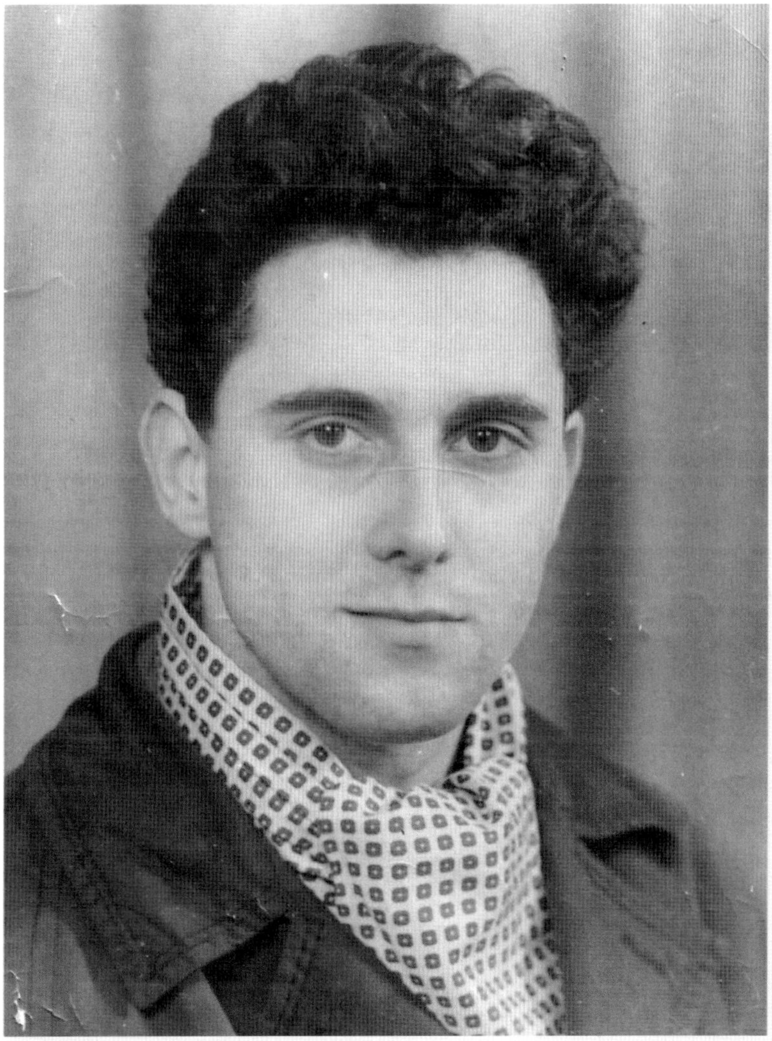

Günter Litfin

Günter Litfin war der älteste Sohn des Fleischermeisters Albert Litfin aus dem Ostberliner Bezirk Weißensee, Mitglied der CDU seit 1945, der nach der Gleichschaltung der Ost-CDU im Jahre 1948, den von der sowjetischen Besatzungsmacht abgesetzten und nach Westberlin übergesiedelten Parteiführern Jakob Kaiser und

Ernst Lemmer die Treue hielt. Die ganze Familie - Günter Litfin hatte noch zwei Brüder - blieb Mitglied in einem illegalen westorientierten Kreisverband Weißensee der CDU, der bis zum Mauerbau bestand. Die oppositionellen CDU-Gliederungen im Ostsektor der Stadt, die ihre Parteiversammlungen in Westberlin abhielten, wurden von der Staatssicherheit zwar beobachtet. Man schikanierte ihre Mitglieder und versuchte sie einzuschüchtern, aber die Organisation wurde nicht aufgelöst - auch dies war eine durch den Viermächtestatus bedingte Berliner Besonderheit.

Günter Litfin war gelernter Maßschneider und arbeitete in einem Modeatelier in der Nähe des Zoologischen Gartens in Westberlin, er gehörte also zu den sogenannten Grenzgängern. Im Sommer 1961 faßte er den Entschluß, in den Westen zu ziehen. Er hatte schon eine Wohnung in Charlottenburg, ganz in der Nähe seines Arbeitsplatzes, gefunden. Am 12. August waren sein Bruder Jürgen und er in der neuen Wohnung gewesen und hatten den ganzen Tag damit verbracht, sie einzurichten. Spät nachts, nach 1.00 Uhr, waren die Brüder mit der S-Bahn wieder in den Ostsektor gefahren. Es muß eine der letzten S-Bahnen gewesen sein, die auf dieser Strecke durchgefahren ist. Am Morgen war die Grenze dann abgesperrt, und Günter Litfin fühlte sich seiner Lebenspläne beraubt. Tagelang fuhr er mit dem Fahrrad die Sektorengrenze ab, um noch ein Schlupfloch durch die Absperrungen zu finden. Er muß wahrgenommen haben, daß die Grenzanlagen immer dichter und dichter wurden. So ist sein kurzfristiger Entschluß zu erklären, den vermeintlich noch offenen Weg über das Wasser zu nehmen.

In Westberlin war die Empörung über die Erschießung des wehrlosen Schwimmers im Humboldthafen groß. Das neue »Grenzregime« in Berlin hatte sich in seiner ganzen Unmenschlichkeit offenbart. Die Position der DDR in der propagandistischen Ost-West-Auseinandersetzung konnte kaum noch schwächer sein. Um das zu kompensieren, reagierte die SED mit einer unsäglichen Verleumdungskampagne gegen den toten Günter Litfin. Gerüchte über seine angebliche Homosexualität wurden mit frei erfundenen Details angereichert und von der DDR-Presse in bester »Stürmer«-Manier präsentiert. Als der Arbeiter Roland Hoff am 29. August beim Versuch, durch den Teltow-Kanal in den Westen zu schwimmen, ebenfalls erschossen wurde, bezog man auch ihn in diese Schmutzkampagne ein.

Die SED verunglimpft die ersten Maueropfer

Schon die ungewöhnliche Art des Grenzübergangs, die sie gewählt hatten – sie versuchten schwimmend der Grenzpolizei zu entgehen – deutet darauf hin, daß es sich um Leute mit schlechtem Gewissen handelt. Normale Bürger, die keine Agenten oder Verbrecher sind, pflegen sich an die Gesetze ihres Staates zu halten. Sie fürchten sich auch nicht, den Weg des Genehmigungsverfahrens zu beschreiten und gegebenenfalls die vorgesehenen Übergangsstellen zu benutzen.

Wer aber das Licht scheut, muß damit rechnen, daß ihm auf den dunklen, verbotenen Wegen, die er eingeschlagen hat, etwas passiert. Es ist allgemein üblich, daß Soldaten oder Grenzpolizisten die Grenze eines Staates bewachen. Diese Grenzposten sind überall in der Welt bewaffnet, um eine illegale Überschreitung der Grenze verhindern zu können. Unsere Grenzwachen haben ihre Pflicht getan, als sie gegen Versuche, die Grenze gewaltsam zu durchbrechen, von ihrer Waffe Gebrauch machten. Die Grenzverletzer haben sich bewußt und vorsätzlich in Lebensgefahr begeben und sind darin umgekommen.

Was die Versuche betrifft, aus solchem Gesindel Helden zu machen, so ist uns dieses Verfahren bekannt. Als der Zuhälter Horst Wessel bei der Ausübung seines nicht ungefährlichen Berufs zu Tode kam, wurde er zum geeigneten Objekt nazistischer Heldenverehrung. Warum soll also der Homosexuelle mit dem Spitznamen »Puppe«, der in den Humboldthafen sprang, nicht zum Heros der Frontstadt werden? Jeder soll die Helden haben, die er wert ist. Diese Bemühungen, neue Helden der westlichen Welt zu kreieren, mögen in Lächerlichkeit versinken.

Aus »Neues Deutschland« vom 2. September 1961

Der Fall Rudi Thurow – eine Fahnenflucht auf Leben und Tod

Er galt als zuverlässig und diszipliniert, seine militärischen und politischen Kenntnisse wurden mit »gut« bewertet. In seiner Kaderakte hatten sich 15 Belobigungen angesammelt und nicht eine einzige Disziplinarstrafe trübte das Bild. Rudi Thurow schien ein zuverlässiger Grenzsoldat zu sein. Im Jahre 1955 hatte sich der 18jährige freiwillig für den Dienst in der Deutschen Grenzpolizei entschieden. Im April 1960 trat er der SED bei, ein gutes Jahr später wurde er zum Unteroffizier befördert. Zum Zeitpunkt des Mauerbaus war er Gruppenführer.

In den frühen Morgenstunden des 13. August war auch Thurow im Einsatz. Seine Einheit war in Röntgental, am nordöstlichen Stadtrand Berlins, stationiert, und er bekam den Befehl, mit seinen Männern den Bahnhof des nicht weit entfernten Vororts Bernau zu besetzen. Mutmaßliche Grenzgänger sollten schon hier abgefangen und zurückgeschickt werden. Er fühlte sich schon einige Zeit nicht mehr wohl in seiner Haut. Insbesondere der rigide Umgang mancher seiner Kameraden mit Bürgern, die zu ihren Verwandten nach Westberlin reisen wollten, hatte ihn schon in der Vergangenheit gestört. Dann fielen die ersten Todesschüsse an der Berliner Mauer, und Thurow bekam immer größere Probleme mit seiner Rolle. Was wäre, so begann er sich zu fragen, wenn er mit flüchtenden Frauen oder Kindern konfrontiert wäre?

Als er im Herbst 1961 in seinem Wohnort von drei Bekannten auf verbliebene Fluchtmöglichkeiten angesprochen wurde, dachte er schon nicht mehr daran, dies anzuzeigen, was seine besondere Pflicht als Genosse und Angehöriger eines »bewaffneten Organs« gewesen wäre. Im Gegenteil, er selbst ertappte sich dabei, wie er mit dem gleichen Gedanken spielte. Wenig später mußte er miterleben, wie ein Bürger in einer Gaststätte wegen kritischer politischer Äußerungen von Uniformierten krankenhausreif geschlagen wurde. Nun reifte in ihm der Entschluß, in den Westen zu fliehen und dabei die drei fluchtwilligen Bekannten gleich mitzunehmen.

Der Grenzdurchbruch mit einem LKW in die Westberliner Exklave Steinstücken wurde genauestens geplant. Am 21. Februar 1962 gelang es Thurow, als diensthabender Unteroffizier, die für den ausgewählten Grenzabschnitt zuständigen Posten praktisch zu entwaffnen, indem er heimlich die Verschlußstücke ihrer Maschinenpistolen entfernte. Daß diese Manipulation entdeckt werden könnte, schloß er aus. Doch genau das passierte, als einer der Posten während des Dienstes befehlswidrig seine MP öffnete, um sie zu reinigen. Umgehend erhielt

Rudi Thurow als Stabsgefreiter, Anfang 1961

US-Hubschrauber startet in der Westberliner Exklave Steinstücken

der Zugführer Meldung, der sofort Grenzalarm auslöste. Inzwischen waren die drei Zivilisten, die mit Thurow fliehen wollten, mit ihrem LKW schon in Babelsberg und sollten sich von dort aus in Richtung Steinstücken auf den Weg machen. Thurow blieb jedoch kaltblütig und konnte sie gerade noch rechtzeitig abfangen. Unter den Bedingungen des Grenzalarms war ein Durchbruch mit dem LKW undenkbar, doch nach dem, was schon geschehen war, gab es für Thurow kein Zurück mehr. Die Fluchtwilligen berieten sich und beschlossen, die Flucht gemeinsam zu Fuß durchzuführen. Thurow kannte alle Schleichwege im Grenzgebiet. Er ging - in Uniform und bewaffnet - voran; die anderen folgten ihm mit gehörigem Abstand. In Grenznähe traf Thurow auf ein Postenpaar, das von ihm die Parole forderte. Die kannte er selbstverständlich. Er trat in seiner Rolle als diensthabender Unteroffizier auf, erklärte den Soldaten scheinheilig die Ursache des Alarms und befahl ihnen, an einem 200 Meter entfernt liegenden Grenzabschnitt Stellung zu beziehen. Sie gehorchten anstandslos - der Weg nach Steinstücken war frei. Beim Durchsteigen der Sperren wurde es jedoch noch einmal brenzlig. Einer der Flüchtlinge verfing sich im Stacheldraht und wurde dabei von einer benachbarten Postengruppe bemerkt, die sofort Warnschüsse abgab. Thurow, der sich schon auf westlichem Territorium befand, feuerte ebenfalls mit seiner MP und gab seinem Fluchtgefährten auf diese Weise

Deckung, bis er sich befreit hatte. Alle Flüchtlinge kamen heil in Steinstücken an und wurden am folgenden Tag von zwei amerikanischen Militärhubschraubern nach Westberlin ausflogen.

Schon die Flucht eines »normalen« DDR-Bürgers galt als »Verrat«. Daß aber ein Unteroffizier der Grenzbereitschaften fahnenflüchtig wurde, unter Ausnutzung seiner diensthabenden Funktion weiteren Personen zur Flucht verhalf und dabei die Waffe gegen seine Kameraden einsetzte, war nicht nur Verrat. Nach den Wertemaßstäben des SED-Regimes war das ein todeswürdiges Verbrechen. Als Thurow dem Westen auch noch seine Kenntnisse zur Verfügung stellte und sich an Propagandaeinsätzen an der Grenze sowie an Fluchthilfeaktionen beteiligte, beschloß die Staatssicherheit ihn zu »liquidieren«: Die für »Militärabwehr« zuständige Hauptabteilung I entwikkelte hierfür zwei Varianten. Die eine sah die gewaltsame Entführung in die DDR vor, die andere die Ermordung.

Doch Thurow hatte Glück. Von den geplanten »Sondermaßnahmen« wurde Abstand genommen, weil – wie es im Abschlußbericht hieß – der dafür vorgesehene inoffizielle Mitarbeiter »aufgrund seiner Wichtigkeit« nicht mehr in Frage kam und für ihn kein Ersatz geschaffen werden konnte. Außerdem stellte das MfS später fest, daß Thurow nicht mehr »feindlich« auftrete. 1972 wurde der Vorgang archiviert.

Mordplan der Staatssicherheit gegen den »Verräter« Rudi Thurow (BSTU, ZA, AOP 5476/72, Teilvorgang III, Bd. 1, Bl. 146 ff.)

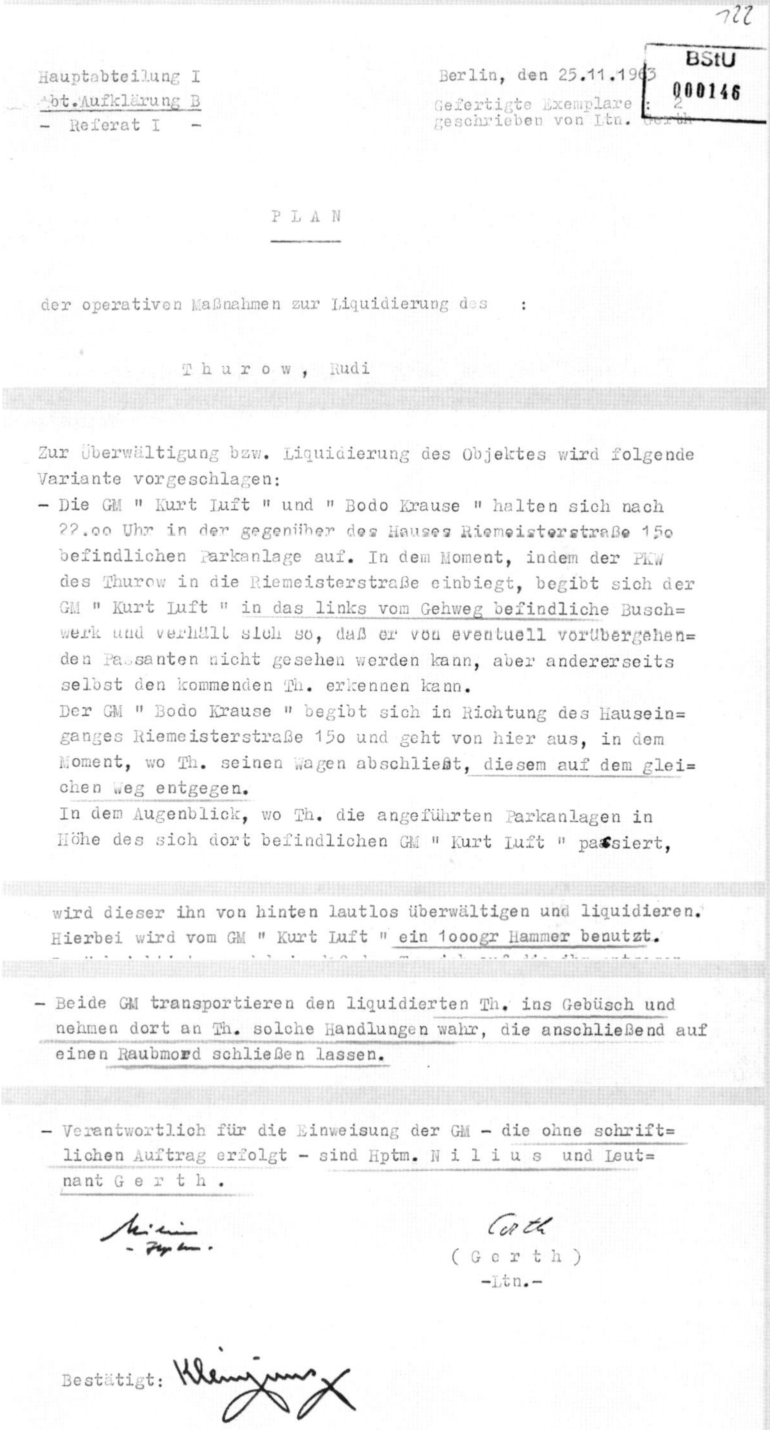
722

BStU 000146

Hauptabteilung I
Abt.Aufklärung B
– Referat I –

Berlin, den 25.11.1963
Gefertigte Exemplare : 2
geschrieben von Ltn. Gerth

P L A N

der operativen Maßnahmen zur Liquidierung des :

T h u r o w , Rudi

Zur Überwältigung bzw. Liquidierung des Objektes wird folgende Variante vorgeschlagen:

– Die GM " Kurt Luft " und " Bodo Krause " halten sich nach 22.oo Uhr in der gegenüber des Hauses Riemeisterstraße 15o befindlichen Parkanlage auf. In dem Moment, indem der PKW des Thurow in die Riemeisterstraße einbiegt, begibt sich der GM " Kurt Luft " in das links vom Gehweg befindliche Buschwerk und verhüllt sich so, daß er von eventuell vorübergehenden Passanten nicht gesehen werden kann, aber andererseits selbst den kommenden Th. erkennen kann.
Der GM " Bodo Krause " begibt sich in Richtung des Hauseinganges Riemeisterstraße 15o und geht von hier aus, in dem Moment, wo Th. seinen Wagen abschließt, diesem auf dem gleichen Weg entgegen.
In dem Augenblick, wo Th. die angeführten Parkanlagen in Höhe des sich dort befindlichen GM " Kurt Luft " passiert,

wird dieser ihn von hinten lautlos überwältigen und liquidieren.
Hierbei wird vom GM " Kurt Luft " ein 1000gr Hammer benutzt.

– Beide GM transportieren den liquidierten Th. ins Gebüsch und nehmen dort an Th. solche Handlungen wahr, die anschließend auf einen Raubmord schließen lassen.

– Verantwortlich für die Einweisung der GM – die ohne schriftlichen Auftrag erfolgt – sind Hptm. N i l i u s und Leutnant G e r t h .

(G e r t h)
-Ltn.-

Bestätigt:

Tunneleinstieg auf dem Schönholzer Friedhof in Pankow

Einblick in den Friedhofsftunnel

Ein Ostberliner Friedhof als Fluchteinstieg

Hochzeit des Tunnelbaus waren die Jahre 1962 und 1963. In dieser Zeit wurden zahlreiche Fluchttunnel von West nach Ost gegraben, seltener von Ost nach West. Zu schwierig war es im Osten, die Grabungen unbemerkt vorzunehmen und vor allem die dabei anfallenden Erdmengen unauffällig zu beseitigen oder zu lagern. Das Graben von Verbindungsgängen unterhalb der Mauer hatte einen großen Vorteil: Wenn alles gut klappte, konnte eine größere Anzahl von Menschen gleichzeitig in den Westen geschleust werden. Und wurden sie nicht gleich entdeckt, verwendete man die Tunnel sogar manchmal mehrfach. Aufwand und Risiken eines Tunnelbaus waren allerdings beträchtlich. Vorbereitung und Durchführung eines solchen Unternehmens kosteten viel Zeit, Mühe und nicht zuletzt auch eine Menge Geld. Während der Arbeiten bestand jederzeit die Gefahr, verschüttet zu werden. Wassereinbrüche waren keine Seltenheit. Ein besonderes Problem stellte die Geheimhaltung, insbesondere der Ein- und Ausgänge der Stollen, dar. Auch in Westberlin tummelten sich Spitzel der DDR-Staatssicherheit mit dem Auftrag, die für den Tunnelbau geeigneten Grenzbereiche zu beobachten oder in die Tunnelbauerszene einzudringen. Im Osten der Stadt kamen zu den inoffiziellen Mitarbeitern des MfS noch die der DDR-Kriminalpolizei; außerdem fanden in der Grenzzone regelmäßig Inspektionen statt, um Fluchtlöcher aufzuspüren.

Vor diesem Hintergrund faßten Westberliner Tunnelbauer den etwas makabren, aber – wie sich zeigen sollte – durchaus effizienten Plan, Tunnel zu graben, die im Osten im unmittelbar hinter der Grenzabsperrung liegenden Pankower Friedhof Schönholz mündeten. Gegraben wurde vom Schuppen einer Samenhandlung aus, der sich auf dem Gelände des Bahnhofs Schönholz noch auf Westberliner Territorium befand. Es handelte sich um zwei Stollen von rund 30 Meter Länge, der eine war 70 Zentimeter, der andere einen Meter hoch. Auf dem Friedhofsgelände gab es jeweils einen Einstieg. Einer lag hinter einem Grabstein, der andere unmittelbar an der Friedhofsmauer.

Am 12. Januar 1962 teilte ein Westberliner MfS-Spitzel seinen Auftraggebern mit, daß über 100 Personen durch diese Tunnel in den Westen gelangt seien. Zu diesem Zeitpunkt war die DDR-Geheimpolizei über die beiden Flüchtlingsschleusen allerdings schon im Bilde, denn am 21. Dezember war ein Grenzpolizist bei einem nächtlichen Patrouillengang auf dem Friedhof plötzlich in ein 1,60 Meter tiefes Loch gestürzt, das mit getrocknetem Efeu bedeckt gewesen war. Es handelte sich um einen der Tunneleinstiege. Unverzüglich wurde der diensthabende Offizier informiert, der sofort zur Stelle war und nicht schlecht staunte, als er mit einer Taschenlampe in das Erdloch hinabstieg. Er konnte etwa 20 Meter weit sehen und stellte fest, daß er einen mit Holzbrettern verschalten und jeden Meter mit einem Stempel fachmännisch abgestützten »Pionierstollen« vor sich hatte. Frische Schleifspuren auf dem Boden des Erdganges deuteten darauf hin, daß er vor nicht allzu langer Zeit noch benutzt worden war. Zwei Tage später entdeckte man auch den anderen Einstieg.

Die Einstiege wurden unverzüglich unzugänglich gemacht und danach systematisch überwacht. Dann nahm das Schicksal seinen Lauf: Schon am 29. Dezember gingen der DDR-Geheimpolizei zwei Frauen bei dem Versuch ins Netz, in einen der Stolleneinstiege zu gelangen. Über ihren Brieffreund, einen Angehörigen der Westberliner Polizei, hatte eine der beiden die gemeinsame Flucht in die Wege geleitet. Nach wochenlangen Verhören in MfS-Untersuchungshaft wurden die beiden Freundinnen am 22. März 1962 in einem Geheimprozeß vor dem Ostberliner Stadtgericht wegen »Paßvergehens« zu je zwei Jahren und drei Monaten Gefängnis verurteilt.

MfS-Ermittler beklagen Mangel an Anstand und Pietät

In dem vorliegenden Ermittlungsverfahren wird der Beweis angetreten, daß das Anlegen von unterirdischen Stollen von Westberlin aus in das Gebiet der Deutschen Demokratischen Republik zu einer Methode bei der Organisierung des Menschenhandels geworden ist und in jedem Fall die aktive Unterstützung von Angehörigen der Westberliner Stummpolizei findet. Dabei gehen sie ohne Rücksicht auf die allgemein gültigen Gesetze der öffentlichen Sicherheit der Bürger vor und mißachten, wie das vorliegende Untersuchungsergebnis beweist, selbst die minimalsten Regeln des Anstandes und der Pietät.

Aus dem MfS-Schlußbericht zum Ermittlungsverfahren gegen die auf dem Friedhof Schönholz verhafteten Frauen vom 26. Februar 1962 (BStU, ZA, AU 10297/62, HA/GA, Bd. 2, Bl. 57)

Schuppen auf der Westberliner Seite, von dem aus gegraben wurde

Todesschüsse am Fluchttunnel – der Fall Siegfried Noffke

Der Spitzel »Pankow«, ein Ostberliner, der im Auftrag der Staatssicherheit ständig zwischen den beiden Stadthälften pendelte, um Fluchthelfer und Fluchtwillige aufzuspüren, lieferte seinem Führungsoffizier am 4. Juni 1962 eine Information, die zum Auslöser tragischer Ereignisse werden sollte. Er berichtete, daß von einem Keller in der Westberliner Sebastianstraße aus ein Tunnel in Richtung eines Neubaublocks in der Ostberliner Heinrich-Heine-Straße gegraben würde. Bei den Tunnelbauern handelte es sich um Männer, die ihre Ehefrauen und andere Familienangehörige aus Ostberlin herausholen wollten. Am 13. August waren sie auseinandergerissen worden, und seither lebten sie für dieses Ziel.

Haus in der Sebastianstraße in Berlin-Kreuzberg, von dem aus der Tunnel nach Ostberlin gegraben wurde

Das MfS war dank »Pankow«, der als inoffizieller Mitarbeiter in die Fluchthelfergruppe eingeschleust worden war, über die Beteiligten und den geplanten Verlauf des Tunnels im Bilde. Für die DDR-Geheimpolizei wäre es ein Leichtes gewesen, das Vorhaben auffliegen zu lassen, zumal ein Ostberliner Planierungsarbeiter inzwischen an dem bewußten Neubaublock auf ein größeres Loch gestoßen war und das dem zuständigen Grenzkommando sofort gemeldet hatte. Drei Beteiligte wurden vom MfS zwar noch vor der Fluchtaktion festgenommen, aber nur deshalb, weil die Gefahr bestand, daß sie die Durchführung der Tunnelflucht gefährden könnten. Das MfS wollte sich nicht mit der Festnahme der Ostberliner Fluchtwilligen begnügen, sondern vor allem die westlichen Fluchthelfer unschädlich machen.

In enger Abstimmung mit der Grenzbrigade Berlin wurde daher von der Staatssicherheit ein Abschluß des Operativvorganges »Maulwürfe« vorbereitet. Dem MfS kam dabei entgegen, daß »Pankow« bei den Helfern und Fluchtwilligen großes Vertrauen genoß. Ausgerechnet ihm wurde von den »Maulwürfen« die Aufgabe übertragen, zum gegebenen Zeitpunkt alle fluchtbereiten Personen zu benachrichtigen und die Tunnelbauer - mittels Klopfzeichen - an die für den Durchbruch vorgesehene Stelle im Keller des Ostberliner Neubaublocks zu dirigieren.

Dreimal mußte der Abschluß des Vorhabens vertagt werden, weil die letzten Grabungen beschwerlicher waren als vorausgesehen. Am 28. Juni 1962 war es dann soweit. Vom Westen aus wurde die Aktion durch ein Signal ausgelöst. Auf der Ostseite hatte eine achtköpfige Festnahmegruppe der MfS-Verwaltung Groß-Berlin schon Stunden vorher im Haus und im Keller Stellung bezogen. Eine siebenköpfige »Reservegruppe« hielt sich im Stützpunkt der zuständigen Grenzbrigade in Bereitschaft. Ein Oberleutnant der für »Spionageabwehr« zuständigen Abteilung II begab sich, ausgerüstet mit Fotoapparat und Filmkamera, versteckt in Position, um alles aufzunehmen, was sich auf der Westseite ereignen würde. Die für den Abschnitt

Observationsfoto des MfS, aufgenommen während der Tunnelaktion in der Heinrich-Heine-Straße, 28. Juni 1962

zuständige Einheit der Grenzpolizei hielt Nebelkerzen, Stacheldraht und Sand parat. Sie sollten unmittelbar nach dem Durchbruch einen Schacht verschließen, um den »Banditen« den Rückweg zu versperren. Alle waren mit Sprechfunkgeräten ausgerüstet. Vorsorglich standen auch ein Sanitätsauto und ein Panzerwagen in Bereitschaft.

Gegen 12.00 Uhr begann im Beisein von »Pankow« der Durchbruch durch den Kellerboden. Im Hinterhalt lauerten vier Mitglieder der MfS-Festnahmegruppe. Als wenige Minuten später zwei Tunnelbauer den Durchstieg schafften und der Grenztruppe das Signal zum Verschließen des Rückweges gegeben wurde, stießen die Geheimpolizisten die Tür zum Kelleraum auf und einer von ihnen schoß – laut MfS-Bericht – »durch Versagen der Nerven«, noch »ehe die Banditen sich ergeben konnten«. Anschließend feuerten noch weitere MfS-Leute, einer von ihnen sogar mit einer Maschinenpistole. Ein Tunnelbauer, der 22jährige Siegfried Noffke aus Kreuzberg, brach mit schweren Schußverletzungen unmittelbar am Ausstieg zusammen. Fast zwei Jahre hatte er davon geträumt, seine Frau im Westen wieder umarmen zu können. Fast 50 Tage lang hatte er im Tunnel geschuftet, um dieses Ziel zu erreichen.

Die MfS-Offiziere preßten dem Schwerverletzten noch eine Vernehmung ab, dann starb er während des Transportes ins Haftkrankenhaus. Sie erfuhren von ihm, daß sich noch ein vierter Tunnelbauer im Stollen aufgehalten hatte, der unversehrt wieder den westlichen Ausgang erreicht haben mußte.

Von der blindwütigen Schießerei der Stasileute blieb auch der Spitzel »Pankow« nicht verschont. Er und ein MfS-Offizier wurden von Querschlägern getroffen und mußten ins Krankenhaus der Volkspolizei eingeliefert werden.

Obwohl die familiäre Motivation des Fluchtunternehmens und die Tatsache, daß die Fluchthelfer unbewaffnet gewesen waren, völlig außer Frage stand, verbreitete die SED-Propaganda schamlos die Legende von einem »Agentenstollen« und vom »Eindringen bewaffneter Terroristen«. Selbst der eigene Spitzel »Pankow« wurde aus »Sicherheits- und konspirativen Gründen« mit seinem eigentlichen Namen Jürgen Hennig der »Terrorbande« zugeordnet. Seine Ehefrau wurde allerdings eingeweiht und bis zur Genesung ihres Mannes mit monatlich 400 Westmark ruhiggestellt.

Berlin (ND). Der Leiter des Presseamtes beim Vorsitzenden des Ministerrates, Kurt Blecha, übergab am Sonnabend in einer Pressekonferenz folgende bedeutsame Mitteilung:

Durch das entschlossene Handeln von Angehörigen der Grenzsicherungskräfte der DDR konnte in den letzten Junitagen ein neuer, von Westberliner Untergrundorganisationen systematisch vorbereiteter Anschlag auf die Staatsgrenze der DDR in der Nähe des Kontrollpunktes Heinrich-Heine-Straße in Berlin aufgedeckt und das Eindringen bewaffneter Terroristen in die Deutsche Demokratische Republik verhindert werden.

Von der Westberliner Agentenzentrale „Untersuchungsausschuß freiheitlicher Juristen" (UfJ) in Westberlin-Zehlendorf, Limastraße 29, gelenkte und bezahlte Terroristen, unter ihnen der wegen Spionage für den amerikanischen Geheimdienst bereits vorbestrafte Westberliner Agent Gerhard Behrendt alias „Kugel" und dessen Westberliner Komplice Fritz Mund, berieten im Mai 1962 in den Räumen des UfJ die Vorbereitung eines gewaltsamen Anschlages auf die Staatsgrenze der DDR und stellten in den darauffolgenden Tagen eine Bande aus asozialen und kriminellen Elementen in Westberlin zusammen.

Diese Bande begann Ende Mai 1962 vom Keller des in Westberlin gelegenen Wohnhauses Sebastianstraße 82 einen unterirdischen Stollen unter der Staatsgrenze der DDR hindurch zum Keller des Wohnhauses Heinrich-Heine-Straße 48/49 im demokratischen Berlin zu graben, um bewaffneten Terroristen und Agenten Westberliner Untergrundorganisationen das ungehinderte Eindringen in das Staatsgebiet der DDR zu ermöglichen.

Am 8. Juli 1962, zehn Tage nach dem Todesschuß auf Siegfried Noffke, verbreitet »Neues Deutschland« eine Legende über den Tathergang

Da sich die Terroristen der Festnahme widersetzten und das Leben der Angehörigen der Grenzsicherungsorgane durch das Pistolenfeuer eines vierten, im Agententunnel verbliebenen und nach Westberlin entkommenen Banditen bedroht wurde – ein Angehöriger der Grenzsicherungskräfte der DDR erlitt dabei schwere Verletzungen – machten die Grenzsicherungskräfte von der Schußwaffe Gebrauch. Dabei wurden Noffke getötet und Hötger und Hennig verletzt.

Alle an dem Fluchtunternehmen Beteiligte, derer die DDR-Sicherheitskräfte habhaft werden konnten - insgesamt 13 Personen -, wurden inhaftiert. Auch die Ehefrau des erschossenen Siegfried Noffke verschonte man nicht. »Der Vorgang wurde am 28. Juni mit der Liquidierung des Tunnels und der Festnahme von zu schleusenden DDR-Bürgern sowie Tunnelbauern operativmäßig abgeschlossen«, schrieb der zuständige MfS-Kader im Abstand von drei Jahren und archivierte den Operativvorgang »Maulwürfe«. Von »Agenten«, »Banditen« oder »Terroristen« war in diesem Schlußbericht nicht die Rede. Er enthielt nur den schlichten Satz: »Dieser Tunnel soll von Angehörigen dieser DDR-Bürger von W[est]B[erlin] aus gebaut worden sein.« Diese einfache Tatsache wurde der Bevölkerung der DDR vorenthalten.

Peter Fechter verblutet an der Mauer

Vier Arbeiter, die auf einer Baustelle an der Ostberliner Prachtstraße »Unter den Linden« arbeiteten, machten am 17. August 1962 Mittagspause in einem Lokal namens »Bullenwinkel« am Hausvogteiplatz. Gegen 12.00 Uhr schickten sie sich an, zur Baustelle zurückzugehen, doch auf halbem Weg kehrten zwei der Bauarbeiter, der Betonbauer Helmut K. und der Maurer Peter Fechter, beide achtzehnjährig und gut miteinander befreundet, noch einmal um. Sie sagten, sie wollten sich noch schnell Zigaretten holen, und die anderen beiden Arbeiter gingen weiter. Doch K. und Fechter kamen nicht mehr auf die Baustelle zurück.

Inzwischen war es 14.15 Uhr. Die beiden Grenzpolizisten, die im Abschnitt Zimmerstraße/Ecke Charlottenstraße eingeteilt waren, scheinen zu diesem Zeitpunkt nicht sehr aufmerksam gewesen zu sein, denn sie bemerkten nicht, daß zwei junge Männer die von einem Stacheldrahtzaun gebildete erste Absperrung überwanden, die zehn Meter Grenzstreifen überquerten und begannen, auf die Sperrmauer zu steigen. Erst als einer der Männer schon oben war, entdeckten die Uniformierten die Flüchtlinge. Laut MfS-Bericht an Erich Honecker eröffneten daraufhin »beide Posten [...] aus ca. 50 Metern Entfernung sofort das Feuer auf die Grenzverletzer«. Fast zeitgleich schoß auch der Nachbarposten auf die Flüchtlinge. 35 Schuß wurden insgesamt abgefeuert.

Bericht über die Vernehmung des schwerverletzten Siegfried Noffke (BStU, AOP 9745/65, Bd. 1, Bl. 386)

28.6.1962

B e r i c h t

Bei der Festnahme gegen 12,3o Uhr sagte der Schwerverletzte folgendes aus :

Die Westberliner Stummpolizei ist von dem Grenzdurchbruch in Kenntnis gesetzt worden.

Der Inspekteur des zustädigen Polizeireviers kannte den gesamten Vorgang des Grenzdurchbruches .

Weiterhin war der Hausmeister W [redacted] unterrichtet.

Zum Schluß nannte er noch die Namen eines gewissen D [redacted], wohnhaft in Bln.- Spandau .

Er persönlich gab an, daß er keine Waffe in seinem Besitz gehabt hat.

Darauf wurde der Schwerverletzte abtransportiert.

gez. Reusch, Feldw.

Helmut K. gelang es dennoch, unverletzt auf die westliche Seite zu kommen. Peter Fechter dagegen fiel auf die Ostberliner Seite zurück und blieb dort liegen. Verzweifelt versuchten Westberliner, dem vor Schmerzen schreienden Peter Fechter zu Hilfe zu kommen. Mit Unterstützung von Polizisten legten sie eine Leiter an die Mauer; sie kamen aber an den Verletzten nicht heran. In ihrer Hilflosigkeit warfen sie Verbandszeug über den Stacheldraht. Amerikanische Militärpolizisten vom etwa hundert Meter entfernten »Checkpoint Charlie« wurden mit dem Hinweis auf den Viermächtestatus händeringend aufgefordert einzugreifen, doch sie weigerten sich, mit der Begründung, das sei nicht ihre Aufgabe.

Auch von der Ostberliner Seite erfolgte zunächst keine Bergung des Verletzten. Im oben schon zitierten MfS-Bericht an Honecker wird dies der Tatsache zugeschrie-

Abtransport des schwerverletzten Peter Fechter durch DDR-Grenzpolizisten (vom Osten aus aufgenommen), Fotos aus dem MfS-Archivbestand

ben, daß die Grenzpolizisten sich bedroht fühlten. Erst gegen 15.00 Uhr, etwa eine Dreiviertelstunde nach den Schüssen, wurde der bereits leblos wirkende Peter Fechter von DDR-Grenzpolizisten weggeschleppt. Er verstarb noch auf dem Transport in das Krankenhaus der Volkspolizei.

Der Vorfall löste in Westberlin sofort helle Empörung aus. Schon wenige Stunden später wurde auf der Westseite der Mauerstelle, wo Fechter gelegen hatte, ein Holzkreuz aufgestellt, das schon nach kurzer Zeit mit Blumen überhäuft war. Diesmal jedoch richtete sich der Zorn nicht nur gegen die DDR und ihre Grenzpolizisten, sondern auch gegen die amerikanische Schutzmacht, der man wegen des Nichteingreifens schwere Vorwürfe machte.

Die Situation wurde regelrecht gefährlich. In den Tagen nach dem 17. August fanden am Kreuzberger Mauerabschnitt Dauerdemonstrationen statt, die ständig zu entgleisen drohten. Westberliner Polizisten mußten gegen Jugendliche eingesetzt werden, die die Grenzanlagen stürmen wollten. Am 19. August, es war ein Sonntag, brachen Demonstranten durch den Sperriegel der Westpolizei und warfen unzählige Steine über die Mauer. Die DDR-Grenzpolizei reagierte mit Tränengas und Wasserwerfern, und es entwickelte sich daraus eine Tränengasschlacht zwischen West- und Ost-Polizisten. Derweil richtete sich am »Checkpoint Charlie« der Zorn der Demonstranten gegen die Amerikaner. US-Militärpolizisten wurden beschimpft und mit Steinen beworfen. Einen sowjetischen Militärbus, der die Wachablösung zu dem im Westberliner Tiergarten gelegenen Ehrenmal der Roten Armee brachte, empfing man mit einem Steinhagel. Demonstranten versuchten, ihm die Rückkehr in den Osten zu versperren, indem sie zwei Autowracks in die Friedrichstraße schleppten und anzündeten.

Der Regierende Bürgermeister Willy Brandt mußte bei einer improvisierten Kundgebung die Gemüter beruhigen. Niemandem sei geholfen – sagte er –, wenn die Demonstranten den Alliierten und der Westberliner Polizei ihre ohnehin schon schwere Aufgabe nur noch weiter erschweren und die Existenz Westberlins aufs Spiel setzten. In den folgenden Wochen mußte viel Überzeugungsarbeit geleistet werden, um die Situa-

ion in Westberlin psychologisch wieder ins Lot zu brin-
;en. Ein Jahr nach der Grenzsperrung war deutlich ge-
vorden, daß sich die Berliner mit der Mauer nicht ab-
inden konnten. Für Brandt und seine unmittelbare po-
itische Umgebung markierte diese schwierige Phase den
Beginn eines politischen Umdenkungsprozesses, der spä-
er in die »Politik der kleinen Schritte« münden sollte.
Die Bemühungen der Westberliner Politik gingen jetzt
zunehmend dahin, die Konfrontation zu entschärfen
und die Folgen der Teilung durch »menschliche Erleich-
erungen« zu mildern.

Egon Bahr erinnert sich

Der achtzehnjährige Bauarbeiter Peter Fechter wurde beim Versuch, die Mauer zu übersteigen, angeschossen, fiel auf die Ostseite zurück und schrie fünfzig Minuten lang, bis er starb. Niemand half Ihm. Ein Amerikaner, von dem man annahm, Uniform und Recht der Besatzungsmacht würden ihm gestatten, über die Mauer zu steigen und den Mann zu holen, erklärte, das sei jenseits seines Auftrags. Jetzt erst wurde den Westberlinern schlagartig klar, daß die Vier-Mächte-Rechte nur noch Sprachhülsen waren. Die Kompetenzen der Westmächte endeten an der Mauer. Die Garantien galten nur den Westberlinern. Es kam zu antiamerikanischen Kundgebungen und Ausschreitungen, erstmals nach dem Krieg. Die psychologische Krise war durch Johnsons Besuch vermieden worden. Sie brach ein Jahr später auf: Wir sind eingemauert in einer Festung, mit einem einzigen unkontrollierten Zugang durch die Luft. Wie lange würden sie sich halten können?

Aus Bahr: Zu meiner Zeit«, S. 138. Egon Bahr war damals Leiter des Presse- und Informationszentrums des Berliner Senats und »Braintruster« von Willy Brandt

Die Bergung Fechters vom Westen aus aufgenommen (Pressefoto)

Autoschlange am Grenzübergang Sonnenallee während der Passierscheinaktion zu Weihnachten 1963

Vom Mauerbau zum Mauerfall

Von »Mauerspechten« geschlagenes Loch in der Berliner Mauer, Januar 1990 (im Hintergrund das Brandenburger Tor)

Der Mauerbau stoppte den Flüchtlingsstrom, der die Existenz der DDR bedroht hatte, und sicherte damit die Herrschaft der SED. Jetzt, so dachten die Machthaber, könnten sie den Sozialismus unbeeinträchtigt aufbauen, und unweigerlich würde sich seine »gesetzmäßige« Überlegenheit gegenüber dem Kapitalismus erweisen. Doch diese Annahme erwies sich als falsch. Obwohl sich die wirtschaftlichen Verhältnisse in den sechziger Jahren unter den Bedingungen einer beschränkten Liberalisierung zunächst durchaus verbesserten, hinkte die DDR im deutsch-deutschen Vergleich weiter hinterher. Auf längere Sicht wurde die ökonomische Schere zwischen den beiden deutschen Staaten nicht kleiner, sondern größer.

Auch die zaghaften politischen Lockerungen der Jahre 1962 bis 1964 blieben im Ansatz stecken. Schon 1965 brach die nächste politische Eiszeit über die DDR herein und engte entstandene Spielräume wieder ein. Das Wechselbad zwischen Tauwetter- und Frostperioden, das die Geschichte der DDR in den fünfziger Jahren gekennzeichnet hatte, setzte sich unter den neuen Bedingungen fort. Nach der Niederschlagung des »Prager Frühlings« im Sommer 1968 gewannen die Hardliner endgültig wieder die Oberhand, allen voran die Protagonisten des Mauerbaus Honecker und Mielke.

In außenpolitischer Hinsicht war die Grenzsperrung für die DDR ambivalent. Einerseits blieb die Berliner Mauer international immer ein ausgesprochener Makel für die DDR, auf der anderen Seite setzte die Zementierung der deutschen Teilung im Jahr 1961 einen Prozeß in Gang, an dessen Ende die staatliche Anerkennung des zweiten deutschen Staates stand. Denn die bald einsetzende westliche »Politik der kleinen Schritte«, die die Folgen der Teilung erträglicher und die Mauer wieder »durchlässiger« machen sollte, war ohne Beteiligung der politischen Repräsentanten der DDR nicht möglich. Schon das zwischen dem Westberliner Senat und einem Bevollmächtigten der DDR-Regierung abgeschlossene Passierscheinabkommen vom Dezember 1963, das den

Westberlinern nach über zweieinhalb Jahren an Weihnachten und Neujahr wieder die Möglichkeit bot, in Ostberlin Verwandte zu besuchen, bedeutete einen kleinen Anerkennungsgewinn für den SED-Staat.

Die Genugtuung darüber, mehr und mehr zu einem ordentlichen Mitglied der internationalen Gemeinschaft zu werden, hielt die DDR aber nicht davon ab, die Sperranlagen an der innerdeutschen Grenze weiter auszubauen. Wer glaubte, daß die Maßnahmen zur Fluchtverhinderung nicht weiter pervertiert werden könnten, der wurde 1970 eines Schlimmeren belehrt, als die DDR-Machthaber Selbstschußanlagen vom Typ SM-70 an Grenzzäunen anbringen ließen. Diese Automaten verschossen bei der Berührung von nahezu unsichtbar verlegten Zugdrähten scharfkantige Stahlwürfel, die im Umkreis von 20 Metern tödlich wirkten. Bis 1983 wurden 60 000 dieser Todesautomaten installiert. Erst die drohende internationale Zahlungsunfähigkeit der DDR und der in diesem Zusammenhang vom bayerischen Ministerpräsidenten Strauß eingefädelte Milliardenkredit führten zum Abbau dieser unmenschlichen Geräte.

Am Schießbefehl und der entsprechenden »Vergatterungsformel« für die Grenzsoldaten änderte sich jedoch nichts. »Grenzverletzer«, so hieß es bis 1987, »sind aufzuspüren, festzunehmen oder zu vernichten.« Danach war zwar nicht mehr ausdrücklich von »vernichten« die Rede, das hatte aber keine Auswirkung auf die tödliche Praxis an der Grenze. Trotz zunehmenden internationalen Drucks, stand die grundsätzliche Preisgabe des Schießbefehls bis Frühjahr 1989 nicht zur Diskussion, denn er war logischer Bestandteil des DDR-Grenzregimes. Noch im Februar 1989 wurde der zwanzigjährige Ostberliner Chris Gueffroy das Opfer dieser Praxis. Er war das letzte von 950 Todesopfern, die das Grenzsystem der DDR in 40 Jahren gefordert hatte. Erst im April 1989 wurde der Schießbefehl heimlich ausgesetzt.

Im Entspannungsprozeß stand die DDR vor einem Dilemma: Er brachte ihr internationale Anerkennung und wirtschaftliche Vorteile, erforderte von ihr aber eine gewisse Öffnung. Die schrittweise Verbesserung des innerdeutschen Reiseverkehrs, wenn auch hauptsächlich in westöstlicher Richtung, vervielfältigte die menschlichen Kontakte zwischen beiden deutschen Staaten. Die vom Mauerbau nicht zuletzt beabsichtigte Abschottung gegenüber dem Westen wurde immer unvollkommener. Der von Honecker gegenüber der Bundesrepublik vertretene Abgrenzungskurs war damit unterminiert. Deutsch-deutsche Bindungen, familiärer und freundschaftlicher Art, konnten wieder gepflegt werden. Trotz mancher Entfremdungserscheinungen blieb so das Zusammengehörigkeitsgefühl zwischen den Deutschen erhalten. Das Regime erkannte die Gefahren dieser Entwicklung. Die Bekämpfung der vermeintlich zielgerichteten westlichen »Kontakttätigkeit« wurde folgerichtig ab Anfang der siebziger Jahre ein zentrales Betätigungsfeld der Staatssicherheit.

Hinzu kam der sogenannte KSZE-Prozeß. Die ursprünglich auf eine Initiative der Sowjetunion zurückgehende Konferenz für Sicherheit und Zusammenarbeit in Europa brachte für die DDR ab Mitte der siebziger Jahre neben diplomatischen und ökonomischen Vorteilen auch Verpflichtungen auf der humanitären Ebene, die ihr zunehmende Probleme bereiten sollten. Es mußten Zugeständnisse gemacht werden, die dem kommunistischen Macht- und Menschenrechtsverständnis widersprachen. Und so schuf der KSZE-Prozeß in der DDR die Grundlage für die Ausreisebewegung. Es handelte sich dabei um das alte Abwanderungsproblem im neuen Kleid. Die »Abstimmung mit den Füßen«, die durch den Mauerbau nahezu unmöglich geworden war, wurde durch eine »Abstimmung mit dem Ausreiseantrag« abgelöst. Immer mehr Ostdeutsche beanspruchten – streng genommen entgegen der Rechtslage –, aber unter Berufung auf die KSZE-Vereinbarungen und die humanitären Verpflichtungen der DDR als UNO-Mitglied, ihre dauerhafte Ausreise aus der DDR. Und immer weniger ließen sich die Ausreisewilligen von den vielfältigen repressiven Gegenmaßnahmen des SED-Staates – von Berufsverboten bis hin zu Gefängnisstrafen – einschüchtern. Wie vor dem 13. August 1961 die Fluchtbewegung wurde in den achtziger Jahren die Ausreisebewegung für das Regime zur unbeherrschbaren Flut. Wieder mußte die Diktatur die ganze Klaviatur ihrer Machtmittel einsetzen, um die Entwicklung einzudämmen. Und wieder scheiterten die Machthaber sowohl mit den repressiven Mitteln als auch mit ihren Konzessionen. Ab Mitte der achtziger Jahre wuchs die Ausreisebewegung in systemgefährdenden Dimensionen. Als die DDR im Jahre 1984 fast 30 000 Ausreisen genehmigte, um Dampf aus dem Kessel zu lassen, stieg die Zahl der Neuantragsteller sprunghaft an. Hatte man es bis dahin jährlich mit maximal 15 000 neuen Anträgen zu tun gehabt, so lagen die Größenordnungen in den folgenden Jahren zwischen 27 000 und 58 000. Ab 1987 mußte sich der SED-Staat mit über 100 000 Ausreisewilligen auseinandersetzen.

Als dann im Mai 1989 an der ungarisch-österreichischen Grenze der Eiserne Vorhang fiel, waren alle Dämme gebrochen. Für Honecker muß es ein Déja-vus-Erlebnis gewesen sein, als die Massenflucht von DDR-Bürgern auf diesem Weg wieder einsetzte: Wieder stand die Existenz der DDR auf dem Spiel, nur diesmal waren die Handlungsspielräume für repressive Lösungen minimal, denn die bedingungslose sowjetische Bestandsgarantie für das SED-Regime war nicht mehr gegeben. Außerdem war eine wirtschaftliche Abhängigkeit von der Bundesrepublik entstanden, die einen Rückfall in die Herrschaftspraxis der Kalten-Kriegs-Phase weitgehend ausschloß. Das spürten die Bürger und verloren ihre Angst vor der Staatsmacht. »Wir wollen raus!«, riefen die einen, die anderen skandierten: »Wir bleiben hier!« Letzteres bedeutete aber keineswegs die Unterstützung des Regimes, sondern die Einforderung von radikalen Reformen. Von Flucht- und Ausreisewilligen sowie der Bürgerbewegung in die Zange genommen, kapitulierte das Regime in Raten. Die Öffnung der Berliner Mauer am 9. November 1989 war ein letzter Versuch der SED, die politische Initiative wieder in die Hand zu bekommen. Sie bedeutete jedoch das Ende ihrer Herrschaft.

Anhang

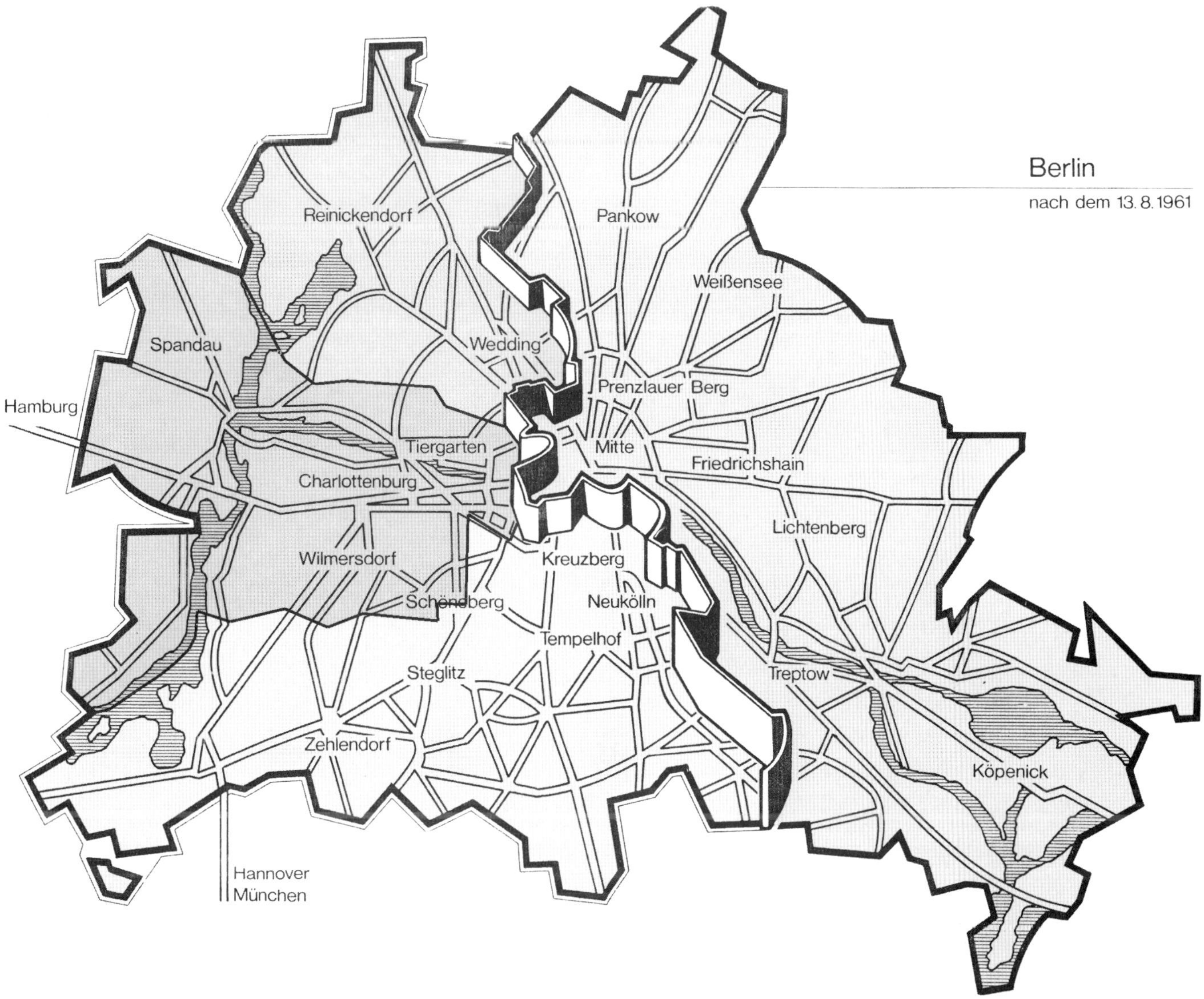
Berlin
nach dem 13. 8. 1961
Reinickendorf
Pankow
Weißensee
Spandau
Wedding
Prenzlauer Berg
Hamburg
Tiergarten
Mitte
Friedrichshain
Charlottenburg
Lichtenberg
Wilmersdorf
Kreuzberg
Schöneberg
Neukölln
Tempelhof
Steglitz
Treptow
Zehlendorf
Köpenick
Hannover
München

Abkürzungen

ADN	Allgemeiner Deutscher Nachrichtendienst
AOP	Archivierter Operativer Vorgang
APF	Arbeitsgruppe Paßkontrolle und Fahndung
AS	Allgemeine Sachablage
ASt	Außenstelle
AU	Archivierter Untersuchungsvorgang
AZKW	Amt für Zoll und Kontrolle des Warenverkehrs
Bd.	Band
BdL	Büro der Leitung
Bl.	Blatt
BPO	Betriebsparteiorganisation
BStU	Die Bundesbeauftragte für die Unterlagen des Staatssicherheitsdienstes der ehemaligen Deutschen Demokratischen Republik
B-Turm	Beobachtungsturm
CBS	Columbia Broadcasting System (Rundfunk- und Fernsehsender, USA)
CDU	Christlich-Demokratische Union
CIA	Central Intelligence Agency (Auslandsnachrichtendienst der USA)
DDR	Deutsche Demokratische Republik
Dok.	Dokument
EVG	Europäische Verteidigungsgemeinschaft
FDGB	Freier Deutscher Gewerkschaftsbund
FDJ	Freie Deutsche Jugend
FDP	Freie Demokratische Partei
GA	Gerichtsakte
HA	Hauptabteilung
HA/GA	Handakte zur Gerichtsakte
HO	Handelsorganisation
HwG	Häufig wechselnder Geschlechtsverkehr
IM	Inoffizieller Mitarbeiter
K	Kontrollpunkt
Kfz	Kraftfahrzeug
KSZE	Konferenz für Sicherheit und Zusammenarbeit in Europa
KZ	Konzentrationslager
LKW	Lastkraftwagen
LPG	Landwirtschaftliche Produktionsgenossenschaft
MF	Mikrofilm
MfS	Ministerium für Staatssicherheit
MP, MPi	Maschinenpistole

NATO	North Atlantic Treaty Organization (Nordatlantikpakt)
NVA	Nationale Volksarmee
PKW	Personenkraftwagen
RIAS	Rundfunk im amerikanischen Sektor
SBZ	Sowjetische Besatzungszone
SED	Sozialistische Einheitspartei Deutschlands
SPD	Sozialdemokratische Partei Deutschlands
SS	Schutzstaffel der NSDAP
StEG	Strafrechtsergänzungsgesetz
UdSSR	Union der Sozialistischen Sowjetrepubliken
UNO	United Nations Organization (Vereinte Nationen)
UPI	United Press International (Nachrichtenagentur)
US	United States (Vereinigte Staaten)
USA	United States of America (Vereinigte Staaten von Amerika)
VEB	Volkseigener Betrieb
ZA	Zentralarchiv
ZAIG	Zentrale Auswertungs- und Informationsgruppe
zit.	zitiert
ZK	Zentralkomitee

Literatur

Arenth, Joachim: Der Westen tut nichts! Transatlantische Kooperation während der zweiten Berlin-Krise (1958-1961) im Spiegel neuer amerikanischer Quellen. Frankfurt/M., Berlin, Bern 1993.

Bahr, Egon: Zu meiner Zeit. München 1996.

Bender, Peter: Neue Ostpolitik. Vom Mauerbau bis zum Moskauer Vertrag. München 1986.

Bennewitz, Inge; Potratz, Rainer: Zwangsaussiedlungen an der innerdeutschen Grenze. Analysen und Dokumente. Berlin 1997.

Brandt, Willy: Begegnungen und Einsichten. Die Jahre 1960-1975. München, Zürich 1978.

DDR-Handbuch. Hg. vom Bundesministerium für innerdeutsche Beziehungen. 2 Bde., 3., überarbeitete Auflage, Köln 1985.

Diedrich, Torsten; Ehlert, Hans; Wenzke, Rüdiger (Hg.): Im Dienste der Partei. Handbuch der bewaffneten Organe der DDR. Berlin 1998.

Dietrich, Torsten: Die militärische Grenzsicherung an der innerdeutschen Demarkationslinie und der Mauerbau 1961. In: Thoß, Bruno (Hg.) unter Mitarbeit von Schmidt, Wolfgang: Vom Kalten Krieg zur deutschen Einheit. Analysen und Zeitzeugenberichte zur deutschen Militärgeschichte 1945 bis 1995. München 1995, S. 127-143.

Dokumente zur Deutschlandpolitik. Hg. vom Bundesministerium für innerdeutsche Beziehungen. Bde. IV/1, IV/6, IV/7, Frankfurt/M. 1971, 1975, 1976.

Dokumente zur Berlin-Frage 1944-1962. Hg. vom Forschungsinstitut der Deutschen Gesellschaft für Auswärtige Politik in Zusammenarbeit mit dem Senat von Berlin. München 1962.

Eisenfeld, Bernd: Flucht und Ausreise - Macht und Ohnmacht. In: Kurth, Eberhard (Hg.): Am Ende des Sozialismus. Bd. 3, Opladen 1999, S. 381-419.

Engelmann, Roger: Staatssicherheitsjustiz im Aufbau. Zur Entwicklung geheimpolizeilicher und justitieller Strukturen im Bereich der politischen Strafverfolgung 1950-1963. In: ders.; Vollnhals, Clemens (Hg.): Justiz im Dienste der Parteiherrschaft. Rechtspraxis und Staatssicherheit in der DDR. Berlin 1999, S. 133-164.

Eppelmann, Rainer u. a. (Hg.): Lexikon des DDR-Sozialismus. Paderborn u a. 1993.

Filmer, Werner; Schwan, Heribert: Opfer der Mauer. Die geheimen Protokolle des Todes. München 1991.

Grasemann, Hans-Jürgen: Das DDR-Grenzregime und seine Folgen. Der Tod an der Grenze. In: Materialien der Enquete-Kommission »Überwindung der Folgen der SED-Diktatur im Prozeß der deutschen Einheit«. Hg. vom Deutschen Bundestag. Bd. VIII/2. Baden-Baden, Frankfurt/M. 1999, S. 1209-1255.

Gieseke, Jens: Die hauptamtlichen Mitarbeiter der Staatssicherheit. Personalstruktur und Lebenswelt 1950-1989/90. Berlin 2000.

Harrison, Hope M.: Ulbricht and the Concrete »Rose«: New Archival Evidence on the Dynamics of Soviet-East German Relations an the Berlin Crisis, 1958. Cold War International History Project, Working Paper Nr. 5. Washington D. C. 1993.

Harrison, Hope M.: Driving the Soviets Up the Wall: A Super-Ally, a Superpower, and the Building of Berlin Wall 1958-1961. In: Cold War History 1 (2000), S. 53-74.

Hoerning, Erika M.: Zwischen den Fronten. Berliner Grenzgänger und Grenzhändler 1948-1961. Köln, Weimar, Wien 1992.

Kowalczuk, Ilko-Sascha: Legitimation eines neuen Staates. Parteiarbeiter an der historischen Front. Geschichtswissenschaft in der SBZ/DDR 1945 bis 1961. Berlin 1997.

Kroll, Hans: Lebenserinnerungen eines Botschafters. Köln, Berlin 1967.

Küsters, Hanns Jürgen: Adenauer und Brandt in der Berlin-Krise 1958-1963. In: Vierteljahrshefte für Zeitgeschichte 40 (1992), S. 483-542.

Kwizinskij, Julij A.: Vor dem Sturm. Erinnerungen eines Diplomaten. Berlin 1993.

Lemke, Michael: Die Berlinkrise 1958 bis 1963. Interessen und Handlungsspielräume der SED im West-Ost-Konflikt. Berlin 1995.

Major, Patrick: »Mit Panzern kann man doch nicht für den Frieden sein.« Die Stimmung der DDR-Bevölkerung zum Bau der Berliner Mauer am 13. August 1961 im Spiegel der Parteiberichte der SED. In: Jahrbuch für Historische Kommunismusforschung 1995, S. 208-223.

Major, Patrick: Vor und nach dem 13. August 1961. Reaktionen der DDR-Bevölkerung auf den Bau der Berliner Mauer. In: Archiv für Sozialgeschichte 39 (1999), S. 325-354.

Mehls, Hartmut (Hg.): Im Schatten der Mauer. Dokumente. 12. August bis 29. September 1961. Berlin 1990.

Mitter, Armin; Wolle, Stefan: Untergang auf Raten. Unbekannte Kapitel der DDR-Geschichte. München 1993.

Müller, Bodo: Faszination Freiheit. Die spektakulärsten Fluchtgeschichten. Berlin 2000.

Otto, Wilfriede: 13 August 1961 - eine Zäsur in der europäischen Nachkriegsgeschichte. In: Beiträge zur Geschichte der deutschen Arbeiterbewegung 39 (1997), S. 40-74, 55-92.

Prowe, Diethelm: Der Brief Kennedys an Brandt vom 18. August 1961. In: Vierteljahrshefte für Zeitgeschichte 33 (1985), S. 373-383.

Rostow. Walt W.: The Diffusion of Power. An Essay in Recent History. NewYork 1972.

Rühle, Jürgen; Holzweißig, Gunter: 13. August 1961. Die Mauer von Berlin. Köln 1986.

Schollwer, Wolfgang: Liberale Opposition gegen Adenauer: Aufzeichnungen 1957-1961. Hg. von Faßbender, Monika. München 1990.

Schumann, Karl F.: Flucht und Ausreise aus der DDR insbesondere im Jahrzehnt ihres Unterganges. In: Materialien der Enquete-Kommission »Aufarbeitung von Geschichte und Folgen der SED-Diktatur in Deutschland«. Hg. vom Deutschen Bundestag. Bd. V/3. Baden-Baden, Frankfurt/M. 1995, S. 2359-2405.

Steiner, André: Politische Vorstellungen und ökonomische Probleme im Vorfeld der Errichtung der Berliner Mauer. Briefe Walter Ulbrichts an Nikita Chruschtschow.

In: Mehringer, Hartmut (Hg.): Von der SBZ zur DDR. Studien zum Herrschaftsystem in der Sowjetischen Besatzungszone. München 1995, S. 233-268.

Schroeder, Klaus: Der SED-Staat. Geschichte und Strukturen der DDR. München 1998.

Steininger, Rolf: Der Mauerbau. Die Westmächte und Adenauer in der Berlinkrise 1958-1963. München 2001.

Unrecht als System. Dokumente über planmäßige Rechtsverletzungen in der Sowjetzone Deutschlands. Teil IV 1958-1961. Zusammengestellt vom Untersuchungsausschuß Freiheitlicher Juristen. Berlin 1962.

Wagner, Armin: Der Nationale Verteidigungsrat der DDR als sicherheitspolitisches Exekutivorgan der SED. In: Suckut, Siegfried; Süß, Walter (Hg.): Staatspartei und Staatssicherheit. Zum Verhältnis von SED und MfS. Berlin 1997, S. 169-198.

Weber, Hermann: DDR. Grundriß der Geschichte 1945-1990. 2., überarbeitete und erweiterte Auflage, München 1993.

Wendt, Hartmut: Die deutsch-deutschen Wanderungen - Bilanz einer 40jährigen Geschichte von Flucht und Ausreise. In: Deutschland Archiv 24 (1991), S. 386-395.

Wettig, Gerhard: Die sowjetische Politik während der Berlin-Krise 1958-1962. In: Deutschland Archiv 30 (1997), S. 383-398.

Wyden, Peter: Die Mauer war unser Schicksal. Berlin 1995.

Zubok, Vladislav M.: Krushev and the Berlin Crisis. Cold War International History Project, Working Paper Nr. 6. Washington D. C. 1993.

Zur Situation in der Sowjetzone nach dem 13. August 1961. Berichte und Dokumente. Hg. vom Bundesministerium für gesamtdeutsche Fragen. Bonn, Berlin 1961.

Bildnachweis

Bundesbildstelle, Berlin
2 (Schütz), 10, 14 oben (Steiner) und unten (Schütz), 35 (Schütz), 43 (Schütz), 54 links oben (Wolf) und unten (Lehnartz) sowie rechts oben (Lehnartz), 55 alle außer links oben, 57 (Wolf), 59 (Siegmann), 61 (Siegmann), 87
Bundesarchiv, Koblenz
28, 36, 40, 41, 52 unten, 108
Die Bundesbeauftragte für die Unterlagen des Staatssicherheitsdienstes der ehemaligen Deutschen Demokratischen Republik (BStU)
19 oben, 25, 37, 46, 49, 54 rechts Mitte und unten, 56, 58, oben, 62, 63 unten, 66, 67,70 beide, 72, 80, 88 beide, 89 links, 93 links, 98 alle, 100 beide, 101, 102, 103, 106 alle
Jürgen Litfin, Berlin 95
Landesbildstelle, Berlin
8, 9, 11, 16 (Ries), 18, 29, 53 alle, 54 links Mitte, 55 links oben, 58 unten, 63 oben (Siegmann), 65 und 68 (Lehnartz), 84, 89 rechts (Lehnartz), 91 (Lehnartz), 94, 109
Lori Seidel, Tripkau 85
Rudi Thurow, Berlin 97
Stiftung Haus der Geschichte der Bundesrepublik Deutschland, Zeitgeschichtliches Forum Leipzig
17, 23
Ullstein-Bilderdienst, Berlin
15, 52 oben (Weidmann), 60 (Georgi), 69, 71 (Kindermann), 83, 86 (Leibing), 93 rechts (Czechatz), 107

Wir danken allen Lizenzträgern für die freundlich erteilte Abdruckgenehmigung.

In Fällen, in denen es nicht gelang, Rechtsinhaber an Abbildungen zu ermitteln, bleiben Honoraransprüche gewahrt.

Angaben zu den Autoren

Bernd Eisenfeld

Betriebswirt (grad.), geboren am 9. Januar 1941 in Falkenstein (Vogtland); 1955–1958 Bankkaufmannslehre, 1959–1961 Studium an der Fachschule für Finanzwirtschaft Gotha, anschließend Mitarbeiter der Deutschen Notenbank in Karl-Marx-Stadt (Chemnitz); 1966/67 Bausoldat, danach aus politischen Gründen Berufsverbot als Ökonom der Staatsbank, 1968 Finanzökonom im VEB Chemieingenieurbau Leipzig, in dieser Zeit Bearbeitung durch die Staatssicherheit im Operativen Vorgang »Ökonom«; nach der Verteilung von selbstgefertigten Protestflugblättern gegen die Niederschlagung des »Prager Frühlings« Verhaftung am 21. September 1968 und Verurteilung zu zweieinhalb Jahren Gefängnis wegen »staatsfeindlicher Hetze«; 1971–1975 Finanzökonom, engagiert in der Bausoldatenbewegung und in einem Friedenskreis in Halle, abermals Operativer Vorgang wegen »staatfeindlicher Hetze«; 1975 Übersiedlung nach Westberlin, freiberufliche Tätigkeit in der politischen Bildung; ab 1985 Mitarbeiter des Gesamtdeutschen Instituts; seit 1992 wissenschaftlicher Mitarbeiter und seit 2000 Sachgebietsleiter Forschung beim bzw. bei der BStU.

Veröffentlichungen u. a.: Kriegsdienstverweigerung in der DDR, ein Friedensdienst? (1978); Die SDI im Spiegel ausgewählter deutscher Zeitungen und Wochenblätter (1987); Die Zentrale Koordinierungsgruppe. Bekämpfung von Flucht und Übersiedlung (MfS-Handbuch, Teil III/17), BStU (1995); Mithrsg.: Lexikon Opposition und Widerstand in der SED-Diktatur (2000).

Roger Engelmann

Dr. phil., geboren am 12. September 1956 in München, Abitur an der Deutschen Schule Rom; bis 1982 Studium der Geschichte, Germanistik und Sozialwissenschaften an der Universität München, dann Studienreferendar; 1985–1987 Stipendiat des Deutschen Historischen Instituts in Rom, 1990 Promotion die über Frühgeschichte des italienischen Faschismus; anschließend bis 1992 wissenschaftlicher Mitarbeiter am Institut für Zeitgeschichte München, seitdem Leiter eines Forschungssachgebietes beim bzw. bei der BStU.

Veröffentlichungen u. a.: Provinzfaschismus in Italien (1992); mit Paul Erker: Annäherung und Abgrenzung. Aspekte deutsch-deutscher Beziehungen 1956–1969 (1993); Hrsg. mit Klaus-Dietmar Henke: Aktenlage. Die Bedeutung der Unterlagen des Staatssicherheitsdienstes für die Zeitgeschichtsforschung (1995); mit Karl-Wilhelm Fricke: »Konzentrierte Schläge«. Staatssicherheitsaktionen und politische Prozesse in der DDR 1953–1956 (1998); Hrsg. mit Clemens Vollnhals: Justiz im Dienste der Parteiherrschaft. Rechtspraxis und Staatssicherheit in der DDR (1999).

Danksagung

Die vorliegende Publikation mußte unter hohem Zeitdruck erarbeitet werden. Ihre Realisierung wäre kaum möglich gewesen, wenn nicht zahlreiche Kolleginnen und Kollegen das Vorhaben tatkräftig unterstützt hätten. Für ihr großes Engagement sei hier - stellvertretend für alle beteiligten Mitarbeiter des Archivs der BStU - vor allem Frau Simone Hoch aus dem Magazinbereich, Frau Doris Stark aus der Fotoreproduktion und Frau Elfie Nieder aus dem Fotoarchiv gedankt. Außerordentlich hilfreich war auch die gute Zusammenarbeit mit den Mitarbeitern des Auskunftsbereichs, deren Kenntnisse manche Recherche verkürzt haben. Dafür sei auch ihnen herzlich gedankt. Die Autoren haben darüber hinaus dem Kollegen Dr. Tobias Wunschik für die kompetente und gründliche Literaturrecherche und dem Kollegen Dr. Peter Boeger für die Unterstützung in der schwierigen Startphase des Projekts zu danken. Last not least, geht auch ein herzliches Dankeschön an Herrn Armin Wagner vom Militärgeschichtlichen Forschungsamt, der den Autoren bei der Aufhellung einiger wichtiger militärorganisatorischer Aspekte sehr geholfen hat.

Impressum

Die Deutsche Bibliothek – CIP-Einheitsaufnahme
Eisenfeld, Bernd:
13. August 1961: Mauerbau : Fluchtbewegung und Machtsicherung / Bernd Eisenfeld ; Roger Engelmann. - Bremen: Ed. Temmen, 2001
ISBN 3-86108-790-1

Autoren
Bernd Eisenfeld
Roger Engelmann
Bildredaktion
Doris Hubert
Gestaltung
Lutz Liffers
Umschlag: blaukontor

Hohenlohestr. 21
28209 Bremen
Tel. +49-421-34843-0
Fax +49-421-348094
EMail: info@edition-temmen.de

ISBN 3-86108-790-1